Wo schrieb Gustave Flaubert *Madame Bovary* und seine Liebesbriefe an Louise Colet? In welchem Haus versteckte sich Balzac vor seinen Gläubigern? Wohin flohen Louis Aragon und Elsa Triolet vor dem Großstadtleben? Und gibt es den Turm, in den sich Montaigne zum Schreiben seiner berühmten *Essais* zurückzog, noch heute?

In 17 Porträts stellt Ralf Nestmeyer französische Autorinnen und Autoren und ihre Häuser und Wohnungen in Paris und der französischen Provinz vor, erzählt, wie sie dort gelebt und gearbeitet haben, und informiert über ihren Werdegang. Zahlreiche Fotografien ergänzen den Band.

Ralf Nestmeyer, Historiker und Reisejournalist, ist Herausgeber der literarischen Reisebegleiter *Sizilien* (it 2637) und *Provence/Côte d'Azur* (it 2801) und Autor zahlreicher Reiseführer. www.nestmeyer.de

insel taschenbuch 3093
Ralf Nestmeyer
Französische Dichter und ihre Häuser

George Sands Garten in Nohant

Ralf Nestmeyer

Französische Dichter und ihre Häuser

Mit zahlreichen Abbildungen

Insel Verlag

insel taschenbuch 3093
Originalausgabe
Erste Auflage 2005

Hinweise zu dieser Ausgabe am Schluß des Bandes
Vertrieb durch den Suhrkamp Taschenbuch Verlag
Umschlag: Michael Hagemann
Satz: Hümmer GmbH, Waldbüttelbrunn
Druck: Memminger MedienCentrum AG
Printed in Germany
ISBN 3-458-34793-3

1 2 3 4 5 6 – 10 09 08 07 06 05

Inhalt

Eine Hütte in Passy 9
Honoré de Balzac in Paris
Feudales Dichterleben an der Place des Vosges 25
Victor Hugo und der Mythos von Paris
Ein Schloß für den Grafen von Monte-Cristo 41
Alexandre Dumas in Port-Marly
Ein verschachtelter Kaninchenbau 53
Émile Zola in Médan
34 Jahre in derselben Stadt 69
Jules Verne in Amiens
Der Mönch von Croisset 81
Gustave Flaubert und die Normandie
Normannische Fachwerkidylle 101
Pierre Corneille in Petit-Couronne
Die Zufluchtsstätte eines Vagabunden 107
Jean Cocteau in Milly-la-Forêt
Eine Mühle als Hort der Liebe 118
Elsa Triolet und Louis Aragon in Saint-Arnoult-en-Yvelines
Erinnerungen an Tante Léonie 133
Marcel Proust in Illiers-Combray
Stille Tage in Saint-Sauveur-en-Puisaye 149
Colette, das Mädchen aus der Provinz
Das Land der Stille 165
George Sand in Nohant
Exotische Träume eines schreibenden Seemanns 186
Pierre Loti in Rochefort-sur-Mer
Der Turm des Philosophen 201
Montaigne in Montaigne
Der Homer der Insekten 211
Jean-Henri Fabres Harmas in Sérignan-du-Comtat

Der Vergil der Provence 221
Jean Giono in Manosque
Der letzte Troubadour 239
Frédéric Mistral in Maillane

Übersichtskarte 254
Benutzte Literatur 257
Bildnachweise 264

Eine Hütte in Passy

Honoré de Balzac in Paris

Es gibt Schriftsteller, mit deren Namen assoziiert man einen bestimmten Lebensstil, einen Hang zur Repräsentation und Selbstdarstellung. Balzac gehört zu ihnen. Der Schöpfer der *Comédie Humaine* war kein Poet, der nur in seiner Dachkammer saß und dichtete. Balzac trat schon in jungen Jahren mit dem Anspruch auf, sich als Berufsschriftsteller einen Platz an der Spitze der französischen Gesellschaft zu erschreiben. Wer über ein ganzes Imperium von Protagonisten herrscht, der will in einem Palast residieren und begnügt sich nicht mit einer bescheidenen Wohnung in irgendeinem Vorort. So war die Wohnung in Passy, in der Balzac mehrere Jahre lebte, keinesfalls sein Traumhaus, sondern eine Fluchtburg im wahrsten Sinne des Wortes. Die Wände waren gezimmert aus Schuldbriefen und Geldsorgen, und dazwischen lebte ein besessen arbeitender Balzac, der davon träumte, seine Verbindlichkeiten begleichen und endlich den Ruhm für seine Arbeit ernten zu können.

Die Balzacs waren eine Aufsteigerfamilie. Der Vater Bernard-François stammte aus einfachen, bäuerlichen Verhältnissen; er war in jungen Jahren nach Tours gezogen und hatte sich zum Leiter eines Proviantamtes der französischen Armee hochgearbeitet. Erst spät war er in der Lage, eine Familie zu gründen, und heiratete eine hübsche, aber egozentrische Pariserin. So war Bernard-François Balzac schon 53 Jahre alt, als Honoré am 20. Mai 1799 das Licht der Welt erblickte; Balzacs Mutter Anne-Charlotte-Laure war zweiunddreißig Jahre jünger. Statt sich ihren Mutterpflichten zu widmen, vergnügte sie sich lieber mit einem Landedelmann und überließ Honoré einer Amme. »Ich habe nie eine Mutter gehabt ... sowie ich zur Welt gekommen war, wurde ich einer Amme überantwortet, der Frau eines Gendarmen, und ich bin bei ihr geblieben, bis ich vier Jahre alt war.« Nur zweimal besuchte Anne-Charlotte-Laure ihren Sohn in dieser Zeit. Aufenthalte in Internaten und als Kostgänger folgten. Erst als Vierzehnjähriger fand Honoré Aufnahme in seinem Elternhaus. Balzac hat dies seiner Mutter nie verziehen; sein Leben lang litt er an dieser »schrecklichen Wunde«. Literarisch verarbeitete Balzac seine leidvolle Kindheit wiederholt, so in dem Roman *Die Lilie im Tal*: »Welche Eitelkeit habe ich verletzen können, ich neugeborenes Kind? Durch welche physische und seelische Minderwertigkeit zog ich mir die Kälte meiner Mutter zu? War ich ein Kind der Pflicht, dessen Geburt zufällig war oder dessen Leben ein Vorwurf ist?«

Nachdem sein Vater nach Paris versetzt worden war, begann Honoré Jura zu studieren; er hörte an der Sorbonne Vorlesungen über Literatur, und in seiner Freizeit stöberte er bei den Bouquinisten an den Quais der Seine. Zwei, drei glückliche Jahre, in denen sein Selbstbewußtsein und seine Lebenslust wuchsen. Als Honoré auf Wunsch seiner Eltern bei einem befreundeten Notar arbeiten sollte, weigerte er sich: »Wenn ich eine feste Anstellung annehme, bin ich verloren.« Der junge Honoré strebte nach Höherem, und sein Ziel stand ihm klar vor Augen: Er wollte ewigen Ruhm, er wollte Schriftsteller werden. Dank der von seinem Vater für zwei Jahre gewährten finanziellen Unterstützung quartierte er sich in einer ärmlichen Mansarde ein und schrieb und schrieb. Unter mehreren Pseudonymen verfaßte er Tragödien und Romane, doch die öffentliche Anerkennung und der finanzielle Erfolg ließen auf sich warten. Erst allmählich fand Honoré Zugang zu den vornehmen Salons der Hauptstadt; er legte sich einen unechten Adelstitel zu und nannte sich fortan »de Balzac«.

Balzac machte Paris, das er erstmals als Fünfzehnjähriger kennengelernt hatte, zum Sujet seines Romanwerks, er entwarf eine poetische Physiognomie der Seinemetropole, wollte ihre »Seele« erkunden. Paris war der Prüfstein seiner Träume, ein Häusermeer, angefüllt mit Schicksalen, die er vor seinen Lesern ausbreitete. Wahrscheinlich erging es dem jungen Balzac wie Eugène de Rastignac – einem aus der Provinz stammenden Fremdling – in der berühmten Schlüsselszene am Ende des Romans *Vater Goriot*: »Allein geblieben, schritt Rastignac den hügelig angelegten Kirchhof hinauf und blickte auf Paris hinab, das sich an beiden Ufern der Seine ausbreitete und schon in einigen Lichtern flammte. Fast gierig blickten seine Augen nach der Gegend zwischen der Säule des Vendôme-Platzes und dem Dôme des Invalides, dorthin, wo jene schöne Welt sich ausbreitete, in die er hatte eindringen wollen. Seine Blicke schienen den Honig dieses summenden Bienenstockes sehnsüchtig aufzusaugen, und er sprach die großen Worte: ›Jetzt zu uns beiden!‹«

Da die Dichtkunst Balzac nur unzureichend ernährte, verfiel er auf die Idee, die Fronten zu wechseln. Er erwarb erst einen Verlag, dann eine Druckerei und kaufte schließlich noch eine Gießerei für Drucklettern hinzu. Er ging damit ein großes Wagnis ein – und scheiterte kläglich; mit einem Paukenschlag ging sein Unternehmen Bankrott. Balzac blieben nur die Schulden, horrende Schulden, und die Hoffnung, daß er seine Situation durch einen großen Coup würde verbessern können. Aber weder die von ihm gegründete Literaturzeitschrift *Chronique de Paris* noch seine Börsenspekulationen oder seine Investitionen in eine sardische Silbermine hatten Erfolg. Und eine vermögende adelige Dame, die bereit war, ihn zu heiraten und so von seinen Verbindlichkeiten zu erlösen, fand sich auch nicht. Verständlich, denn wer heiratet schon einen talentierten Schrift-

Balzacs Arbeitszimmer in der »Hütte in Passy«

steller mit einem Stiernacken und einem Sack voll Schulden?

Trotz seiner finanziellen Misere lebte Balzac weiter über seine Verhältnisse; er bezog Stadtwohnungen mit ganzen Zimmerfluchten, stellte livrierte Diener ein und ließ seine Anzüge beim teuersten Schneider in Paris anfertigen. Sein Leben war ein ewiger Kreislauf zwischen Schuldentilgung und Verschwendungssucht. Balzac nahm Vorschüsse auf Bücher entgegen, die er noch gar nicht geschrieben hatte. Doch nicht genug: Nachdem er einen leichtsinnigen Kreditgeber gefunden hatte, erwarb er den pompösen Landsitz »Les Jardins«, der alsbald gepfändet wurde. Die Schulden wuchsen ihm endgültig über den Kopf. Das einzige, was ihm blieb, war sein schriftstellerisches Genie.

In einem Brief an seine spätere Frau, Gräfin Evelina Hanska, beklagte er sich: »Es ist etwas Schreckliches um die Armut, ihretwegen zeiht man uns der Herzlosigkeit, und alles wird durch sie zur Unnatur. Bei mir müssen das Talent und die Gabe zu schreiben gleichen Schritt mit meinen Zahlungsterminen halten. Ich darf weder krank noch leidend, noch schlecht aufgelegt sein. Aus Stahl und Eisen müßte ich sein, wie der Prägehammer der Münze, und immerzu prägen, prägen!«

Von seinen Gläubigern verfolgt, flüchtete der 41jährige Balzac im Oktober 1840 nach der Versteigerung seines Anwesens nach Passy, einem kleinen Dorf im Westen von Paris. In einem kleinen Gartenhaus, das einem reichen, ortsansässigen Metzger gehörte, fand er Unterschlupf und hoffte, Abstand gewinnen zu können. Zu Balzacs Zeiten war Passy noch eine weitgehend ländliche Gemeinde, deren zur Seine abfallende Hänge mit Weinstöcken bepflanzt waren. Heute ist das zum 16. Pariser Arrondissement gehörende Passy ein Nobelviertel mit exorbitanten Miet- und Grundstückspreisen und »Balzacs Hütte« eines der letzten dörflichen Zeugnisse. Auf den blitzblank polierten Messingschildern finden sich die Namen von Vermögensverwaltern, Notariaten und Versicherungen. In unmittelbarer Nachbarschaft der Maison de Balzac residiert der türkische Botschafter. Nun, die Zeiten haben sich geändert – für den erfolgshungrigen Schriftsteller war der Umzug fraglos ein sozialer Abstieg.

Glücklich war Balzac nicht über diese »Hütte in Passy«, doch hatte sie zwei Vorteile: Die Nähe zu Paris und eine geheime, im Holzboden versteckte Treppe, die zu einem zweiten verborgenen Ausgang führte, so daß Balzac jederzeit unbemerkt in die Rue du Roc (jetzt Rue Berton) entschwinden konnte. Zudem war das Domizil mit seinen blaßgrünen Fensterläden von der Straße nicht einsehbar. Hier fühlte sich Balzac in Sicherheit, hier konnte er ungestört schreiben.

Wider Erwarten wurde aus dem Provisorium eine dauerhafte Bleibe: Für die nächsten sieben Jahre lautete Balzacs Adresse »Monsieur de Breugnol«, Passy, 19 Rue Basse, wie die Rue Raynouard damals hieß. Um ungestört arbeiten zu können, lebte Balzac inkognito unter dem – leicht veränderten – Namen seiner Haushälterin, die sich nicht nur um seine Wäsche kümmerte. Louise, so ihr Vorname, unternahm Botengänge, verhandelte mit Verlegern, erteilte den Druckereien Aufträge und hielt auch Balzacs hormonellen Haushalt in Schwung. Ein paar Monate lang nahm Balzac seine Mutter trotz des angespannten Verhältnisses in der Wohnung auf, doch kam es zwischen ihr und Louise Breugniot wiederholt zu Differenzen. Vergeblich versuchte Madame Balzac am Leben ihres Sohnes teilzuhaben, das nur aus Arbeit, Arbeit und nochmals Arbeit bestand. Sie wähnte sich nur geduldet und zog enttäuscht die Konsequenzen.

Genaugenommen bewohnte Balzac kein Haus, sondern

nur eine Fünfzimmerwohnung in der zweiten Etage eines Mietshauses mit mehreren Parteien. Direkt gegenüber dem Eingang lag das lichtdurchflutete Speisezimmer, das auch als Foyer fungierte, links die Küche (heute die Museumskasse), rechts eines der beiden Schlafzimmer; zudem ein Salon und Balzacs nach Südwesten ausgerichtetes Arbeitszimmer sowie ein paar kleine Abstellkammern – mehr gab es nicht. Balzac litt unter diesen, in seinen Augen dürftigen Verhältnissen. Um die Ärmlichkeit der Räumlichkeiten zu kaschieren, plante er Marmorverkleidungen, Wandteppiche und einen Kamin, die er auf die nackten Wände mit einem Kohlestift skizzierte. Erst später, als Balzac wieder über größere finanzielle Mittel verfügte, stattete er die Wohnung mit wertvollem Mobiliar und Kunstwerken aus.

Während die Vorderseite des Hauses nur von einem kleinen Garten von der belebten Rue Raynouard abgegrenzt wird, erhebt sich die Rückseite hoch über der Seine. Eine Tür, die durch einen grünen Metallvorbau geschützt wird, führt direkt in die an eine Mansarde erinnernde Wohnung. Zu den übrigen Stockwerken mußte man hinabsteigen »wie der Wein in einen Flaschenhals« (Théophile Gautier).

Wer aus Paris kam, mußte allerdings erst hinauf. Léon Gozlan, Balzacs langjähriger Freund und Mitarbeiter, hat in seinen Erinnerungen *Balzac in Pantoffeln* den beschwerlichen Aufstieg beschrieben: »An einem heißen Spätsommertag des Jahres 1844 folgte ich einer Einladung Balzacs in sein drolliges Haus im Vorort Passy. Wie eine kleine Raubritterburg klebte es an dem gefährlichen Steilhang des Hügels. Noch heute klopft mir das Herz und bricht mir der Schweiß aus, wenn ich an den beschwerlichen Aufstieg zurückdenke. Man mußte da ein jenseits der Bannmeile zwischen hohen Mauern sich hinaufwindendes Gäßchen voll launischer Krümmungen erklimmen. Balzac benutzte diesen erbärmlichen, berüchtigten Weg oftmals, wenn er lästige Begegnungen vermeiden wollte, denen er nicht immer entgehen konnte, falls er die Rue Basse wählte.«

Von seinem Arbeitszimmer blickte Balzac auf die Stadt herab: »Ich liebte mein Gefängnis, es war freiwillig. Diese Savannen von Paris, gebildet wie eine Ebene aus gleich hohen Dächern, die doch unter sich bevölkerte Abgründe deckten, drangen in meine Seele und verbanden sich mit meinen Gedanken.« Damals gab es noch keine Tour Eiffel und keine Tour de Montparnasse, die heute als Fremdkörper ins Blickfeld rücken. Verzückt berichtete er Madame Hanska im Januar 1844 von einer morgendlichen Stimmung, als die Sonne durch das Fensterkreuz in sein Arbeitszimmer fiel und seine Manuskripte mit rotem Glanz umhüllte: »Die Schönheit dieses Vormittags sprengt jede Vorstellung.«

Besucher mußten sich mit einem Losungswort anmelden; ohne den richtigen Code trafen sie Balzac nicht an. Zu dem kleinen Kreis der Gäste, die Balzac in Passy empfing, gehörten Théophile Gautier, Victor Hugo und Félix Solar. Solar, der Direktor der Zeitung *L'Epoque*, berichtete von einem Besuch im Haus des Dichters. Balzacs Gouvernante führte ihn in die Wohnung: »Ich betrat das Allerheiligste. Mein Blick fiel zunächst auf eine Kolossalbüste des Dichters der ›Comédie Humaine‹, die von Jean David-d'Angers stammte: ein herrliches Werk aus dem besten Marmor. ... Die Monumentalbüste stand auf einem Sokkel, in den eine Uhr eingebaut war. Dies sollte offenbar darauf hindeuten, daß Balzac die Zeit besiegt hatte.« Dann ging Solar in das Arbeitszimmer, dessen Wände mit rotem Velours bespannt und mit schwarzen Seidenkordeln verziert waren: »Eine Glastür, die zu einem kleinen Garten mit ein paar Fliederbüschen führte, erhellte das Arbeitszimmer, dessen Wände ganz mit Bildern ohne Rahmen und mit

Rahmen ohne Bilder bedeckt waren. ... Mitten im Zimmer stand ein kleiner Tisch, zweifellos Balzacs Arbeitstisch. Ein einziges, großes Buch lag darauf, ein französisches Lexikon.« In der Bibliothek reihten sich die Nachschlagewerke bunt aneinander, daneben waren etliche Regale der zeitgenössischen Literatur vorbehalten. Endlich erblickte Solar den verehrten Schriftsteller, den er um ein Feuilleton für seine Zeitung bitten wollte: »Balzac, in eine weite Mönchskutte gehüllt, die einmal weiß gewesen war, hatte gerade eine Serviette in der Hand und trocknete liebevoll eine Tasse aus Sèvres-Porzellan ab ...«

Was seine Arbeit betraf, so war Balzac wahrlich ein Asket, der mit mönchischem Eifer die Feder über das Papier führte. Balzac bewältigte ein geradezu unmenschliches Arbeitspensum. Jeden Tag bis zu achtzehn Stunden. »Ich lebe unter der härtesten Tyrannei: der, die man sich selbst auferlegt. Ich arbeite jeden Tag und jede Nacht.« Er ging früh schlafen; um ein Uhr nachts weckte ihn sein Diener, und dann arbeitete er im Kerzenschein bis um acht Uhr morgens, ging noch einmal für eineinhalb Stunden zu Bett, bevor er sich wieder »vor seinen Karren schirrt«. Abends empfing er Besuch, dinierte mit Freunden, die er aber alsbald wieder verließ, um sich niederzulegen. In manchen Wochen verschanzte er sich geradezu in seinem Zimmer, verzichtete tagelang auf frische Luft und Sonnenlicht. Seine Konzentration erforderte absolute Einsamkeit hinter hermetisch abgeschlossenen Fenstern und Vorhängen. Edmond Werdet, Balzacs zeitweiliger Verleger, mußte sich wiederholt damit abfinden, nicht zu seinem Autor vordringen zu können: »Seine Tür blieb dann verschlossen für jedermann, für seine besten Freunde sogar, die seine Manie schon kannten und sich nicht daran stießen. Vergebens hätte man, wenn auch aus noch so dringendem Anlaß, versucht, in sein *sanctum sanctuarium* einzubrechen. Alle an ihn gerichteten Briefe ... häuften sich in einer umfangreichen Japanschale, und der große Schriftsteller öffnete, las und beantwortete sie erst dann, wenn seine Arbeit nach seinem Lieblingsausdruck *parachevé*, das heißt bis aufs letzte vollendet war.«

Ideal waren die Arbeitsbedingungen in Passy für Balzac nicht, da neben ihm noch ein Dutzend weiterer Mieter in dieser »Hütte« lebten. Mehrfach beklagte sich Balzac darüber, daß ihn die Kinder der unter ihm wohnenden Familie durch ihr Gestampfe und Gepoltere vom Arbeiten abhielten. Nur nachts konnte er sich ungestört seinen Texten widmen. Der Raubbau an seiner Gesundheit sollte nicht ohne Folgen bleiben. Balzac war übergewichtig und seine Ernährung alles andere als nachahmenswert. An einem Arbeitstag trank Balzac zwischen vierzig und sechzig Tassen starken Kaffees, den er zumeist selbst aus dreierlei Kaffeesorten zubereitete. Seine Kaffeekanne mit den Initialen »H B« stand immer griffbereit auf seinem kleinen Schreibtisch mit den gedrechselten Beinen. Darunter das zugehörige, ebenfalls in den Farben weiß und rot gehaltene Stövchen.

Durch die Stille der Nacht und die gigantische Menge an Kaffee und Alkohol, die Balzac zu sich nahm, »gerät alles in Bewegung, die Ideen formieren sich zum Angriff wie die Bataillone der napoleonischen Großen Armee auf der Walstatt, die Schlacht hebt an. Die Erinnerungen eilen im Sturmschritt herbei, mit fliegenden Fahnen; die leichte Kavallerie der dichterischen Metaphern schwärmt aus in prächtigem Galopp; die Artillerie der Logik und Kausalität fährt auf mit ihren Protzen und ihren Kartuschen; die geistreichen Einfälle greifen als Scharfschützen in den Kampf ein; die Romanfiguren melden sich zur Stelle, das Papier benetzt sich mit Tinte ...«

Der »Rausch des Schreibens« nahm ihn jeden Tag aufs

Honoré de Balzac, um 1842

neue gefangen. Trotz der widrigen Umstände war Balzac in Passy extrem produktiv. Mit einer Gruppe von Verlegern hatte er 1841 einen Vertrag über die Veröffentlichung all seiner Werke unter dem Titel *Comédie Humaine (Menschliche Komödie)* geschlossen. Balzacs Ziel war es, ein Sittenbild der französischen Gesellschaft vom Empire bis zur Julimonarchie zu entwerfen. In seiner Vorrede kündigte er an, er wolle die Geschichte des menschlichen Herzens erzählen, eine Art »Märchen aus Tausendundeiner Nacht des Abendlandes«. Die *Menschliche Komödie* sollte insgesamt 157 Werke umfassen. Bis zu seinem Tod vollendete Balzac 91 Romane und Erzählungen, in denen mehr als 4000 Personen auftreten, die das ganze Spektrum der französischen Gesellschaft vom Bankier über den Zuhälter bis zum Kleinbürger repräsentieren sollen. Balzac verknüpfte Orte und Menschen und entfaltete zwischen Macht, Leidenschaft und Scheitern ein schillerndes Menschenpanorama, welches noch heute als die beste sozialgeschichtliche Darstellung des französischen Alltags zu Beginn des 19. Jahrhunderts gilt.

Am Anfang seiner Erzählung *Das Mädchen mit den Goldaugen* stellte sich Balzac als Sittenmaler der französischen Hauptstadt vor: »Ist Paris denn nicht ein unermeßlich weites Feld, das unaufhörlich aufgewühlt wird von einem Sturme von Begehrlichkeiten, unter dem ein reifes Ährenmeer aus Menschen, die der Tod hier öfter als anderswo abmäht, kreisend wirbelt, und welche immer, ewig gleich aneinander gedrängt, neu erstehen und deren verzogene, verzerrte Gesichter aus allen Posen den Geist, die Begierden und die Gifte ausdünsten, von denen ihre Gehirne geschwängert sind? ... Oh, nicht Gesichter, aber Masken! Masken der Schwäche, Masken der Kraft, Masken des Elends, Masken der Freude, Masken der Heuchelei – und alle erschöpft und alle Abdruck der unauslöschlichen Zeichen einer keuchenden Gier!? Was wollen sie? ›Gold‹ ... oder ›Vergnügen‹?«

Die Schuldzinsen lasteten schwer auf Balzac. Er hatte gar keine andere Wahl als zu schreiben. Oft arbeitete er gleichzeitig an mehreren Romanen, jede Nacht brachte er mit seiner sorgfältig angespitzten Rabenfeder vierzig Seiten zu Papier. Das Tintenfaß aus Gold und Malachit leerte sich wie von Geisterhand, die vier Kerzen im Silberleuchter wurden kleiner und kleiner. Diesem Druck war er kaum gewachsen, seine Gesundheit litt. Balzac hatte schwere Migräneanfälle und kämpfte mit Depressionen: »Meine Augen füllen sich ohne Anlaß und ohne Grund mit Tränen.« Allmählich begann seine Schaffenskraft zu erlahmen. »Es ist jetzt so weit mit mir gekommen, daß ich mich ohne Atemnot und Herzklopfen nicht einmal mehr kämmen kann. Ich habe zweimal schlimmste Erstickungsanfälle erlitten, weil ich nicht mehr ein- und ausatmen konnte.«

Die gesundheitlichen Probleme nahmen zu, doch in finanziellen Dingen war Balzac nicht lernfähig. Erneut verschuldete er sich bis über beide Ohren. Für sein geplantes Zusammenleben mit der verwitweten Gräfin Hanska erschien ihm seine Wohnung in dem Gartenhaus nicht standesgemäß. Der ewig Ungeliebte erwarb ein repräsentatives Anwesen in der Rue Fortunée – der heutigen Rue Balzac –, wobei er auch bei der Ausstattung nur das Beste vom Besten wählte. »Ich will mein Idol in einen neuen Tempel stellen, wo es an ein ganz neues Leben glauben kann. Man arbeitet jetzt daran, aus jenem neuerworbenen Palast ein Wunder von Geschmack und Eleganz zu machen.« Seine Wohnung in Passy verließ Balzac ohne jeden Anflug von Sentimentalität. Im April 1847 nahm er das letzte Mal die Türklinke in die Hand. Ein Lebenskapitel war abgeschlossen.

Doch das Glück war kurz bemessen. Nur noch drei Jahre

an der Seite von Madame Hanska, die er wenige Monate vor seinem Tod heiratete, waren ihm vergönnt. Balzacs Gesundheitszustand verschlechterte sich zusehends. Als er von einer Reise in die Ukraine zurückkehrte, folgte im Mai 1850 der physische Zusammenbruch. Fortan bettlägerig, starb er am 18. August 1850. Victor Hugo, der ihn noch kurz vor seinem Tod besucht hatte, ließ es sich nicht nehmen, die Grabrede auf dem Friedhof Père-Lachaise zu halten. Balzac hatte die Gräfin Hanska als Alleinerbin eingesetzt, doch ist der größte Teil seines Nachlasses nach ihrem Tod verloren gegangen. Gläubiger standen wieder vor der Tür; Balzac-Verehrern ist nur die »Hütte in Passy« geblieben.

Längst ist nicht nur Balzacs ehemalige Wohnung, sondern das gesamte Haus in Passy mit seinen drei Etagen als »Maison de Balzac« zu besichtigen. Die Einrichtung des Arbeitszimmers wurde weitgehend rekonstruiert, die anderen Räumlichkeiten widmen sich dem Werk Balzacs; ein monumentaler Stammbaum gibt Auskunft über die unzähligen Personen der *Comédie Humaine*. Das literarische Werk Balzacs wird mit Originalhandschriften sowie Originalmanuskripten vorgestellt, die von Randbemerkungen und Korrekturen geradezu erdrückt werden. Balzacs Arbeitsweise trieb seine Verleger in den Wahnsinn. Ständig korrigierte er die Druckfahnen seiner Bücher und schrieb sie teilweise bis zu fünfzehn Mal um. Stefan Zweig liefert in seiner Balzac-Biographie eine sehr anschauliche Beschreibung dieser außergewöhnlichen Korrekturmethode: »Mit wilden Schlangenlinien stellte er die Worte um, schaufelte ganze Sätze weg, stopfte Absätze zwischen die Zeilen, überschüttete mit sechs oder sieben Seiten neuen Manuskriptes die einzelnen Fahnen, ließ hundert Einschiebungen, die vergebens mit Ziffern und Zeichen versehen wurden, auf einem Blatt wirr durcheinanderwirbeln, quer zwischen die einzelnen Fahnen wurde neues Manuskript gestopft, und was schließlich dem erschreckten Auge sich darbot, war ein hieroglyphisches Durcheinander, anscheinend sinnlos, von Zeichen und Zahlen.«

Vor allem die Typographen litten unter der Perfektionswut des Bestsellerautors. In Zeiten des Hand- und Bleisatzes mußten sie aufgrund der umfangreichen Einschübe immer wieder einen Neusatz herstellen. Um das für Verleger und Autor kostspielige Verfahren – Balzac hatte einen Teil der Kosten zu tragen – in den Griff zu bekommen, wurden besondere Abzüge hergestellt. Rund um einen kleinen gesetzten Textblock fand Balzac fortan den Platz, um seine überbordenden Korrekturen unterbringen zu können.

Im ersten Stock des Museums werden Übersetzungen von Balzacs Werken in zahlreiche Sprachen sowie Holz- und Kupferstiche präsentiert, während im Erdgeschoß eine stattliche Forschungsbibliothek mit den kompletten Originalausgaben von Balzacs *Comédie Humaine* Platz gefunden hat. Außerdem sind Werke von Balzacs Zeitgenossen versammelt. Abgerundet wird die Dauerausstellung durch Zeitungsausschnitte, Karikaturen, Illustrationen und Bücher, die den Anfang von Balzacs schriftstellerischer Karriere darstellen, sowie durch Romanentwürfe Balzacs und historische Photographien. Zum Haus, das auch als literarische Tagungsstätte genutzt wird, gehört noch ein dichtbewachsener Garten, an dessen Rand eine Balzac-Büste von Carvillani steht: Eine kleine Idylle inmitten des hektischen Paris.

Im Laufe der Jahrzehnte war das Haus in Passy ein beliebtes Ziel für viele Literaten. Gérard de Nerval kam schon wenige Monate nach Balzacs Tod in die leerstehende Wohnung, um sich am »köstlichen Duft eines Mannes von gutem Geschmack« zu erfreuen. Vor dem Verfall gerettet, fungierte das Haus ab 1910 als Privatmuseum, dann als städtisches Museum. Henry Miller überredete Anaïs Nin im Frühjahr 1939 zu einem Ausflug nach Passy und zeigte ihr das Haus des von ihm hoch verehrten Schriftstellers. »Alles war so geheim, so geheimnisvoll, so friedlich. Es ist ein Museum, geleitet von einer blassen und gespenstischen Frau, die nur flüsternd spricht. Balzacs Porträt gibt es dort, sehr groß, auf dem man den Fleischernacken sieht und die ungewöhnlichen, visionären Augen«, notiert Anaïs Nin in ihrem berühmten Tagebuch. Als sich die beiden über die Vitrinen mit den ausgestellten Manuskripten und Erstausgaben beugten, rätselten sie, ob »eines Tages die Leute auch unsere Manuskripte und Fotografien« besichtigen würden?

Anreise: Die Maison de Balzac liegt im 16. Pariser Arrondissement in der Rue Raynouard, Hausnummer 47. Mit der Métrolinie 6 bis zur Station »Passy«, dann etwa 400 Meter entlang der Rue Raynouard.
Öffnungszeiten: Tgl. außer Mo 10-17.40 Uhr. Internet: www.paris.fr/musees/balzac

Feudales Dichterleben an der Place des Vosges

Victor Hugo und der Mythos von Paris

Als Victor Hugo am 22. Mai 1885 in Paris starb, befand sich Frankreich im Ausnahmezustand. Schon Tage zuvor hatte eine sorgenvolle Menschenmenge das Haus des greisen Schriftstellers umlagert, nachdem die Pariser Tageszeitungen die Nachricht von der plötzlichen Krankheit Hugos verbreitet und Bulletins über seinen Gesundheitszustand veröffentlicht hatten. Die Beerdigung glich einem Fest, halb Heiligsprechung, halb Massenorgie. Aufgebahrt wurde Hugos Leichnam unter dem Arc de Triomphe. Ein schwarzes Tuch hüllte das imperialistische Monument in Trauer; das Licht der Gaslaternen und Straßenlampen drang düster durch den Flor. Anschließend begleiteten mehr als 300 000 Pariser den Trauerzug bis zum Panthéon, wo Victor Hugo in der Krypta zwischen Rousseau und Voltaire seine letzte Ruhestätte fand. Eine weitere Million verfolgte den Zug entlang der Boulevards und auf den Plätzen der Seinemetropole.

Victor Hugo war ein Mythos, der schon zu Lebzeiten als Synonym für Paris und für eine unbeugsame liberale Gesinnung galt. Kein französischer Dichter erfuhr je größere Demut und Verehrung, kein anderer Franzose wurde im 19. Jahrhundert mit vergleichbarem Pomp zu Grabe getragen. Doch damit nicht genug: Das Staatsbegräbnis für Hugo wurde indirekt zu einem Machtkampf zwischen den konservativen und den antiklerikalen Kräften des Landes. Das Panthéon war als Kirche errichtet und nach der Französischen Revolution 1791 als Ziviltempel den »Großen Männern der Nation« gewidmet worden, bevor Napoléon III. 1852 den stattlichen, von einer Kuppel gekrönten

Bau der Kirche zurückgab. Erst anläßlich des Todes von Victor Hugo wurde das Panthéon per Regierungserlaß endgültig laisiert und zur hehren Ruhmeshalle der Grande Nation erklärt.

Nicht nur der Tod, auch das gesamte Leben von Victor Hugo war eng mit dem Schicksal Frankreichs verbunden. Am 26. Februar 1802 in Besançon als Sohn eines Offiziers und einer aus der Bretagne stammenden Mutter geboren, verbrachten Victor und seine beiden älteren Brüder eine unstete Kindheit mit zahllosen Ortswechseln. Marseille, Elba, Paris, Italien und Spanien waren die Stationen. Sein Vater Joseph-Léopold Hugo war ein überzeugter Republikaner und wurde von Napoléon zum General befördert. »Mit unseren siegreichen Truppen irrte ich durch das unterworfene Europa; durchstreifte die Erde noch früher als das Leben«, erinnerte sich Victor in der Ode *Meine Kindheit*.

Der kleine Victor litt unter den häufigen Wohnungswechseln und noch mehr an den Konflikten zwischen seinen Eltern. Diese hatten sich schon früh entzweit; beide pflegten eigene Liebschaften und wahrten nur nach außen hin mühsam die Fassade. Der Vater glänzte vor allem durch Abwesenheit. Erst als sich Sophie Hugo 1813 mit ihren beiden jüngsten Söhnen getrennt von ihrem Mann in Paris in der Rue du Cherche-Midi (Hausnummer 44) niederließ, kehrte langsam Ruhe ein. In dieser Zeit lernte Victor die bedeutenden Werke der französischen Literatur kennen und machte seine ersten schriftstellerischen Versuche. »Ich will Chateaubriand sein oder nichts«, soll er als Vierzehnjähriger in sein Schulheft geschrieben haben. Ein hoher Anspruch, doch konsequent verfolgte er seine literarische Karriere. Noch nicht volljährig, hatte Victor schon Tragödien, Gedichte und Erzählungen veröffentlicht.

Unter dem Einfluß seiner Mutter war Hugo zum Ultraroyalisten und glühenden Katholiken herangereift. Dem Zeitgeist entsprechend verfaßte er reaktionäre Oden, in denen er das Leid der königlichen Familie glorifizierte, die Revolutionäre verdammte und Napoléon als Usurpator anprangerte. Propagandalyrik, wenn auch auf hohem Niveau. Sogar der französische König Ludwig XVIII. kommentierte die literarischen Arbeiten des jugendlichen Genies wohlwollend, subskribierte seine Werke und gewährte ihm darüber hinaus eine Jahresrente in Höhe von 1000 Francs. Zusammen mit seinen Tantiemen verfügte Victor Hugo nun über genug Einkünfte, um auf eigenen Füßen stehen zu können; er konnte jetzt auch eine eigene Familie ernähren und hielt erfolgreich um die Hand seiner Jugendliebe Adèle Foucher an. Nach der Hochzeit war noch kein Jahr vergangen, als das junge Paar einen Stammhalter begrüßen konnte. Die Freude währte nicht lange, der kleine Léopold starb im zarten Alter von drei Monaten; doch glücklicherweise sah Adèle später noch vier weitere Male Mutterfreuden entgegen.

Auch Hugos künstlerischer und gesellschaftlicher Aufstieg im Paris der Restauration vollzog sich in großen Schritten. Ein Erfolg reihte sich an den anderen. Seine Romane bekamen durchweg gute Kritiken, und seine Theaterstücke wurden an den Bühnen der Hauptstadt gespielt. Inzwischen wohnte die Familie Hugo in einem stattlichen Haus am Montparnasse in direkter Nachbarschaft des Jardin du Luxembourg. Der wachsende Erfolg ging bei Hugo mit einer ideologischen Kehrtwendung einher; er erkannte nun die Revolution und die napoléonische Epoche als unverzichtbaren Teil der nationalen Geschichte an und wandte sich verstärkt einem liberaleren Gedankengut zu.

Victor Hugo war sich seiner Stellung als einer der bedeutendsten jungen Schriftsteller des Landes bewußt und schreckte jetzt auch vor Konflikten mit den Mächtigen

Place des Vosges – von 1832 bis 1848
die Adresse von Victor Hugo

nicht mehr zurück. Obwohl zuvor schon sein Theaterstück *Ein Duell unter Richelieu* zensiert worden war, ließ Hugo in seinem historischen Eifersuchtsdrama *Hernani ou L'honneur castillan* erneut den Respekt vor der Autorität eines historischen Königs – in diesem Fall Kaiser Karl V. – vermissen. In seinem Vorwort forderte Hugo, daß für die Poesie dieselben Grundsätze gelten sollten wie für die Politik, und reklamierte »Toleranz und Freiheit« für sein Werk. Als *Hernani* an der Comédie Française uraufgeführt wurde, kam es zu dem befürchteten Skandal zwischen den Liberalen und den monarchistischen Ultras sowie zwischen den Anhängern des romantischen und klassischen Theaters. Hugo wurde von den regimetreuen Zeitungen angegriffen, und auch sein Vermieter zeigte sich empört. Dieser war zudem die ständigen Menschenaufläufe vor seinem Haus leid und kündigte der Familie überraschend.

Im Mai 1830 zog Victor Hugo in ein elegantes Stadthaus in der Rue Jean-Goujon (Hausnummer 9), unweit der Champs-Elysées. Die wiedererlangte Ruhe spornte ihn an, und er stürzte sich in ein seit längerem geplantes Romanprojekt. Auch als kurze Zeit später Gewehr- und Geschützfeuer durch Paris hallte und die zweite Revolution ausbrach, die den Bürgerkönig Louis Philippe auf den Thron brachte, ließ er sich nicht stören. Vollkommen zurückgezogen arbeitete Victor Hugo tage- und nächtelang an dem Manuskript von *Notre Dame de Paris*. Von seinem Verleger gedrängt, vollendete er das monumentale Werk in nur fünf Monaten. Das Elend der Arbeitervorstädte und Armenviertel findet darin seine Entsprechung in jenen Szenen, in denen aus den Gassen und Kellerlöchern Lahme, Krüppel und Aussätzige förmlich hervorquellen. Wenn Victor Hugo Ludwig XI. als Despoten anklagt, dann richtet sich der Vorwurf an die konstitutionelle Monarchie der Restaurationszeit.

In vielerlei Hinsicht ist *Notre Dame de Paris* die französische Antwort auf den Erfolg von Walter Scotts historischen Romanen oder Manzonis *Die Verlobten.* Im Gegensatz zu den deutschen Romantikern idealisierte Hugo die Welt des Mittelalters nicht; er pries ihre Kultur und ihre Bauwerke, doch zeigte er auch die grauenvollen und schrecklichen Seiten jener Epoche. Victor Hugo hat nicht nur einen historischen Roman, sondern auch ein Drama der Stadt Paris geschrieben.

»Alles, was anderswo ist, ist in Paris!« – so lautet ein Hugo zugeschriebenes Bonmot. Und richtig: Für Victor Hugo war Paris ein begünstigter Ort, an dem sich menschliche Möglichkeiten und Fähigkeiten optimal entwickeln, dabei aber auch gefährliche Triebe und Begierden entfesseln können. In seinem 1831 erstmals erschienenen Buch beschwor er vor allem die Totalität der mittelalterlichen Stadt und erklärte die Kathedrale zum Stein gewordenen Mittelpunkt von Paris: »Diese Haupt- und Mutterkirche von Paris ist eine Art Fabelwesen. Sie hat von allen alten Kirchen der Stadt irgend etwas entlehnt, den Kopf von der einen, die Glieder von der anderen, das Rückgrat von einer dritten.« Der deutsche Titel *Der Glöckner von Notre-Dame* lenkt das Augenmerk fälschlicherweise auf die Person des buckligen Glöckners Quasimodo und seine Liebe zur schönen Zigeunerin Esmeralda.

In seinem berühmten Stadtporträt »Paris aus der Vogelschau« verneigt sich Hugo in *Notre Dame de Paris* vor der französischen Metropole. »Dieses Paris war damals nicht nur schön, es war auch einheitlich, ein künstlerisches und geschichtliches Erzeugnis des Mittelalters, eine steinerne Chronik.« Hugo führt den Leser auf die Türme der Kathedrale und beschwört den faszinierenden Anblick, den die Stadt um 1482 darbot: »Ein blendendes Durcheinander von Dächern, Schornsteinen, Straßen, Brücken, Plätzen, Turmspitzen und Kirchtürmen traf das Auge dessen, der atemlos auf der Höhe anlangte. Der spitze Giebel, das steile Dach, das überhängende Ecktürmchen, der runde, nackte Kerkerturm, der eckige, durchbrochene Kirchturm, das Große, das Kleine, das Schwerfällige und das Luftige verschwammen vor den Blicken zu einer großen Masse. Das Auge verlor sich in diesem Labyrinth, wo alles ursprünglich, vernünftig, schön und durchgeistigt war, wo alles aus den Händen der Kunst kam, vom geringsten Haus an, mit seiner bemalten und geschnitzten Front, seinem Fachwerk, seiner niedrigen Tür und seinen überhängenden Stockwerken, bis hinauf zum königlichen Louvre mit seinen längst verschwundenen Türmen.«

Notre Dame de Paris wurde schnell zum Bestseller und löste eine regelrechte Begeisterungswelle für die »französische Mutterkirche« aus, wodurch die Kathedrale vor dem weiteren Verfall bewahrt werden konnte. Auch die Ile de la Cité, die Victor Hugo zufolge aussah »wie ein großes Schiff, das sich der Stromrichtung nach im Schlamm festgefahren hat und nun gescheitert beinahe mitten in der Seine liegt«, wurde wieder als das Herz von Paris wahrgenommen.

Für Hugo begann ein neuer Lebensabschnitt. Er genoß die Hochachtung, die ihm von allen Seiten für *Notre Dame de Paris* entgegengebracht wurde, und mietete im Juli 1832 eine repräsentative Wohnung im zweiten Stock des an der Place des Vosges gelegenen Hôtel de Rohan-Guéménée. Der Umzug war auch ein sichtbares Zeichen für den wachsenden Erfolg des 30jährigen Schriftstellers. Genau betrachtet verdankte Hugo seinen Wohlstand nicht nur diesem Roman, sondern vor allem seinen Theaterstücken, die sich wie *Hernani* zu wahren Kassenschlagern entwikkelt hatten. Mit der Wahl seiner Wohnung demonstrierte

Victor Hugos Stehpult

Hugo sein Geschichtsbewußtsein. Er, der sich vehement gegen die Verdrängung der historischen Bauwerke aus dem Stadtbild ausgesprochen hatte, verließ den »Neubau« an den Champs-Elysées, um im Zentrum des Marais an die Place des Vosges zu ziehen. Eventuell hatte Hugo von der Wohnung durch den mit ihm befreundeten Théophile Gautier erfahren, der damals noch bei seinen Eltern im benachbarten Hôtel Fourcy lebte.

Bevor der Sonnenkönig seinen Hof nach Versailles verlagerte, war das Marais mit seinen Stadtpalästen der vornehmste Stadtteil von Paris. Und die Place des Vosges stand dank ihrer regelmäßigen, auf Symmetrie bedachten Anlage seit jeher in dem Ruf, der schönste Platz von ganz Paris zu sein. Eingerahmt wird die Place des Vosges von 36 identischen zweistöckigen Pavillons mit roten Ziegelsteinfassaden, großen Balkonfenstern *(porte-fenêtres)* und hoch aufragenden Schieferdächern. Nur der Pavillon des Königs an der Südseite und der gegenüberliegende Pavillon der Königin überragen die anderen Häuser als Ausdruck des hierarchischen Standesbewußtseins. Benannt sind die herrschaftlichen Häuser nach ihren früheren Besitzern, wie beispielsweise das von Hugo bewohnte Hôtel de Rohan-Guéménée oder das Hôtel Richelieu.

Auf dem Platz herrscht noch heute eine faszinierende Atmosphäre. Die kleinen, intimen Arkaden ziehen sich wie Logen um das grüne Geviert, das einst als Turnierfeld diente. Angesichts dieser aristokratischen Eleganz erscheint es schwer vorstellbar, daß die Häuser an der Place des Vosges in der Mitte des 20. Jahrhunderts völlig heruntergekommen waren und einem Armenquartier glichen. Erst dann wurden Sanierungsmaßnahmen in die Wege geleitet, und die historische Bausubstanz des Marais wurde auf Veranlassung des Kultusministers André Malraux unter Denkmalschutz gestellt. Heute können sich nur betuchte Pariser ein Appartement an der Place des Vosges leisten. Ein erlesener Kreis, zu dem auch Jack Lang, Malraux' Nachfolger im Amt des Kultusministers, gehört. Apropos erlesener Kreis: Neben Victor Hugo haben einst auch Alphonse Daudet und Georges Simenon an der Place des Vosges gewohnt.

Victor Hugo hatte mehr als ein Dutzend verschiedener Adressen in Paris, doch mit Abstand am längsten lebte er an der Place des Vosges. Von 1832 bis 1848 diente ihm die heutige *Maison de Victor Hugo* im 4. Arrondissement als repräsentativer Wohnsitz. Er liebte den Blick auf den Platz, wo »es mehr rote Ziegelsteine als grüne Blätter gibt«. Hier schrieb er an der *Sage von den Jahrhunderten*, *Maria Tudor* und an den *Betrachtungen*; hier empfing er seine Freunde und Kollegen Vigny, Lamartine, Béranger, Sainte-Beuve, Dumas, Musset, Balzac, Merimée und David d'Angers; hier diskutierte er mit Liszt, Berlioz und Rossini über Musik; hier verzehrte er sich voller Ungeduld nach dem nächsten Rendezvous mit Juliette Drouet, einer jungen Schauspielerin.

Victor Hugo lernte Juliette Ende 1832 bei den Leseproben für *Lucrèce Borgia* kennen, zu einem Zeitpunkt, als es in seiner Ehe schon seit längerem kriselte. Nach und nach hatten sich die beiden Eheleute einander entfremdet. Nach der Geburt ihres fünften Kindes hatte Adèle ihren Mann gar aus dem gemeinsamen Bett verbannt. Doch nicht genug: Zwischen ihr und dem Kritiker Sainte-Beuve entwickelte sich eine Affäre, die in den literarischen Salons für viel Klatsch und Tratsch sorgte. Auch vor diesem Hintergrund ist Hugos außereheliche Beziehung zu Juliette Drouet zu sehen. Am Karnevalssamstag 1833 verbrachte er die erste Nacht in ihren Armen. Noch Jahre später schrieb er ihr: »Nichts, nicht einmal der Tod, dessen bin ich mir sicher, wird in mir diese Erinnerung auslöschen.«

Hugo wies Juliette fortan einen festen Platz in seinem

Leben zu. Er bezahlte ihre Schulden und mietete ihr eine Wohnung in unmittelbarer Nähe zur Place des Vosges. Es handelte sich um beileibe keine oberflächliche Affäre. Bis zu ihrem Tod im Jahre 1883 wich Juliette nicht mehr von Victor Hugos Seite. Erst war sie seine Mätresse, dann seine Kopistin, seine Reisegefährtin und schließlich seine treusorgende Freundin. Auch die Familie arrangierte sich notgedrungen mit »Tante Juliette«; Hugo war weder bereit, seine Beziehung zu Juliette aufzugeben, noch wollte er sich von seiner Frau trennen. Adèle erfüllte weiterhin ihre gesellschaftlichen Pflichten und führte den Hugoschen Salon an der Place des Vosges in bewährter Weise. So traf auch Charles Dickens die beiden Eheleute im Januar 1847 bei seinem Besuch gemeinsam an. Seine Eindrücke über die etwas skurrile Atmosphäre der Wohnung beschrieb er in einem Brief an Lady Blessington: »Wir saßen zwischen alten Rüstungen, alten Wandteppichen, alten Truhen, düstren alten Stühlen und Tischen, pompösen alten Baldachinen aus alten Palästen, und die goldenen Löwen schienen mit altersschweren goldenen Kugeln zu kegeln. Die Atmosphäre bei den Hugos war inszeniert als romantisches Schauspiel und erinnerte an ein Kapitel aus einem seiner eigenen Bücher.«

Doch bald war es vorbei mit der Ritterherrlichkeit. Im Zuge der Arbeiteraufstände des Jahres 1848 fühlte sich Victor Hugo an der Place des Vosges nicht mehr sicher. Nach einem Brandanschlag gab die Familie aus Furcht vor Verfolgung im Februar ihre stadtbekannte Wohnung auf. Vom König zu einem der sechs weltlichen Pairs von Frankreich ernannt, symbolisierte Hugo trotz seiner liberalen Gesinnung die soeben untergegangene Monarchie. Hugo stand dem Aufstand skeptisch gegenüber, zu radikal erschienen ihm die Forderungen der Arbeiter, die im Juni nochmals auf die Barrikaden gehen sollten. Es folgten ein paar turbulente Jahre, die unter anderem durch mehrere Umzüge und Victor Hugos zunehmende Politisierung geprägt waren.

Louis Napoléon Bonaparte, der Neffe des großen Napoléon, wurde am 10. Dezember 1848 zum Präsidenten der Republik gewählt. Zum Entsetzen Hugos beabsichtigte Louis Napoléon, die konservativen Kräfte Frankreichs zu stärken, indem er das allgemeine Wahlrecht einschränkte und das Schulwesen wieder dem Klerus überantwortete. Nachdem Louis Napoléon in einem Staatsstreich gegen sich selbst geputscht hatte, entzog sich Victor Hugo, der als Abgeordneter inzwischen der Nationalversammlung angehörte, seiner drohenden Verhaftung und tauchte unter. Dank Juliettes Hilfe, die trotz seiner erotischen Eskapaden mit anderen Frauen treu zu ihm stand und ihm den Paß eines Schriftsetzers besorgte, konnte Victor Hugo 1851 über Belgien ins Exil auf die zu England gehörenden Kanalinseln flüchten. Sein gesamter Hausrat wurde derweil in Paris zwangsversteigert und Victor Hugo zum Heros der Republikaner verklärt.

Auch im Exil blieb Paris für Hugo eine »Modellstadt«, das »Urbild der wohlgestalteten Kapitalen, von dem jedes Volk versucht, eine Kopie zu erhalten, diese Metropole des Ideals«. Wenn Victor Hugo am Strand von Jersey und Guernsey stand, dann war ihm stets bewußt: »Man schaut aufs Meer und man sieht Paris.« Hinter der Gischt leuchtete seine Traumstadt auf. »Was für eine erhabene Erscheinung für den Verbannten. Paris, zugleich eine Idee und eine Stadt, allgegenwärtig. Den Parisern gehört Paris, und es gehört der ganzen Welt. Man kommt nicht davon los, auch wenn man gern möchte; Paris ist Atemluft. Wer das Leben hat, hat Paris in sich, auch wenn er davon nichts ahnt. Und erst recht, wer es kennen gelernt hat.« Trotz aller Liebe zu Paris blieb er unerbittlich in seinem Widerstand ge-

Victor Hugo, um 1878.
Photographie von Nadar

gen Napoléon III.; ein Amnestieangebot wies er 1859 zurück. Erst nach dem auf die Niederlage von Sedan folgenden Sturz des Kaisers kehrte er im Herbst 1871 nach Paris zurück.

Als Victor Hugo nach fast zwei Jahrzehnten im Exil wieder durch die Seinemetropole spazierte, war Paris nicht mehr Paris. Unter Federführung des Präfekten George-Eugène Baron Haussmann hatte Paris zwischen 1853 und 1870 ein modernes Stadtbild mit breiten Boulevards, Avenuen und Parkanlagen erhalten. Baron Haussmann ließ rund 28 000 Häuser abreißen und Schneisen in das mittelalterliche Dickicht schlagen, um die Stadt für den modernen Verkehr zu öffnen. Vor allem die von Hugo geliebte Ile de la Cité war nach Haussmanns Radikalschlag so gut wie »tot«. 25 000 Menschen waren zwangsweise umgesiedelt worden, um Platz für ein zeitgenössisches Verwaltungsviertel mit Justizpalast und Gefängnis zu schaffen. Bis auf wenige Ausnahmen waren die Häuser auf der Altstadtinsel den Stadtplanungsmaßnahmen zum Opfer gefallen, doch Hugo wußte: »Unter dem gegenwärtigen Paris ist das alte Paris deutlich erkennbar wie der alte Text zwischen den Linien des neuen.«

An die Place des Vosges ist Victor Hugo nicht mehr zurückgekehrt. Dafür erwarb die Stadt Paris noch zu seinen Lebzeiten das ehemalige Wohnhaus des Schriftstellers. Jahre vergingen, bis es 1902 mit feierlichem Pomp als Museum der Öffentlichkeit zugänglich gemacht wurde. Im ersten Stock werden seither Wechselausstellungen sowie Zeichnungen von Hugo und Illustrationen seiner Werke präsentiert; Victor Hugos einstige Wohnung befindet sich im zweiten Obergeschoß. Das 280 Quadratmeter große Appartement ist eine Rekonstruktion, wobei mit Hilfe von Originalmöbeln versucht wurde, mit der Einrichtung und

Aufteilung der Räume die verschiedenen Lebensabschnitte Victor Hugos zu beleuchten.

Wie ehedem betritt man die Wohnung durch das Empfangszimmer, ansonsten ist die Raumaufteilung durch Umbauten stark verändert worden. Die Küche ist genauso verschwunden wie mehrere kleine Räume – darunter die Zimmer von Madame Hugo und der Tochter Léopoldine – sowie ein sich über das gesamte L-förmige Appartement erstreckender Korridor, der es ermöglichte, jeden Raum separat zu betreten. Auf diesem weitgehend neuen Grundriß entstanden insgesamt sieben Zimmer.

Von dem Empfangszimmer mit den Familienporträts gelangt man in einen Salon, dessen Wände mit rotem Damast bespannt sind und der am besten die Atmosphäre wiedergibt, wie sie zur Zeit Victor Hugos an der Place des Vosges geherrscht hat. An den Wänden finden sich auch hier ein paar Bilder, darunter die von seiner Frau gezeichneten Porträts ihrer Kinder sowie auf einer Kommode die bekannte Hugo-Büste (1838) von David d'Angers. Die Fenster gehen hinaus auf die Place des Vosges, ebenso wie die des nächsten Raumes, der an die Jahre des Exils auf Guernsey erinnert. Der getäfelte, von Hugo im Stil eines »Chinesischen Salons« eingerichtete Raum stammt allerdings aus dem Haus von Juliette Drouet, die ihrem geliebten Victor ins Exil gefolgt war. An den Wänden ist edles Porzellan ausgestellt, und am Kaminsims prangen die vergoldeten Initialen »V« und »H«. Keine Frage: Dem Besucher begegnet auch der Selbstdarsteller Hugo, der sich auf den Photos und Zeichnungen in seiner ganzen Eitelkeit präsentiert. Vor allem die im Exil entstandenen Bilder zeugen von seinem Geltungsbedürfnis. Auf einem Photo-Medaillon von 1853 posiert er gar mit der linken Hand in der Napoléon-Haltung. Das sich anschließende Eßzimmer besticht durch sein »mittelalterliches« Dekor; es wird eingerahmt von wuchtigen Eichenschränken und -truhen. Zwei weitere Zimmer mit Photographien und persönlichen Erinnerungsgegenständen folgen. Skurril mutet ein von Madame Hugo in Auftrag gegebener Tisch an, in dessen Platte die Tintenfässer von Victor Hugo sowie von seinen Dichterkollegen Lamartine, Dumas und George Sand fest eingelassen wurden.

Der hinterste Raum des Appartements war schon immer Victor Hugo als Schlafzimmer vorbehalten. Der derzeitige Zustand entspricht seinem letzten Schlafzimmer aus der Avenue d'Eylau. Noch wenige Wochen vor seinem Tod stand er täglich an dem schlicht gearbeiteten Stehpult, das dekorativ von einem Tintenfaß samt Gänsekiel geziert wird. Die Originalmöbel wurden dem Museum von seinen Angehörigen gestiftet, darunter auch das Bett im Stil Louis XIII mit seinen gewundenen Säulen, in dem er am 22. Mai 1885 gestorben ist.

Anreise: Die Maison de Victor Hugo liegt an der Place des Vosges (Hausnummer 6) im 4. Pariser Arrondissement. Mit der Métrolinie 9 bis zur Station Bastille, dann 300 Meter entlang der Rue St Antoine, bis rechter Hand die Rue de Birague zur Place des Vosges abzweigt.
Öffnungszeiten: Tgl. außer Mo 10-17.40 Uhr.

Ein Schloß für den Grafen von Monte-Cristo

Alexandre Dumas in Port-Marly

Das Schloß des Grafen von Monte-Cristo existiert wirklich. Es steht nicht auf einer kleinen Insel irgendwo im Mittelmeer, sondern westlich von Paris in der Ile de France, wie das Herz Frankreichs gemeinhin genannt wird. Und der Auftraggeber für den Prachtbau im Stile eines Renaissanceschlosses war nicht Edmond Dantès, sondern Alexandre Dumas höchstpersönlich. Der Bestsellerautor Dumas wollte sich mit dem Prachtbau selbst ein Denkmal setzen, einen steinernen Palast für den ungekrönten König des Feuilletonromans.

Alexandre Dumas – wegen seines gleichnamigen Sohnes auch »der Ältere« genannt – wurde am 24. Juli 1802 als Sohn eines napoleonischen Generals im nordfranzösischen Villers-Cotterêts geboren. Vielleicht hätte der kleine Alexandre eine glänzende militärische Karriere gemacht, doch der frühe Tod seines Vaters Thomas-Alexandre Davy de la Pailleterie sorgte für eine erste, einschneidende Zäsur. Marie-Louise Dumas mußte sich allein um die Erziehung ihres Sohnes kümmern. Die finanziellen Spielräume waren eng begrenzt, aber Alexandre erhielt zumindest eine akzeptable Schulbildung, bevor er mit vierzehn Jahren als Laufbursche in die Dienste eines Notars eintrat. Obwohl seine Mutter ihn am liebsten an einem Priesterseminar gesehen hätte, entschied sich Alexandre für das weltliche Leben. Dank seiner schnellen Auffassungsgabe und seiner Schönschrift wurde er nach kurzer Zeit zum Notariatsgehilfen befördert.

Doch das Führen von Kanzleiakten befriedigte Alexan-

Alexandre Dumas mit seiner Tochter Marie, um 1855

dre nur mäßig, und durch ein paar glückliche Fügungen fand er den Zugang zur Literatur und zum Theater. Als 18jähriger stellte er eine Amateurtheatergruppe auf die Beine und schrieb die ersten eigenen Bühnenstücke. Nachdem er eine Aufführung an der Comédie Française gesehen hatte, stand für ihn fest: Er mußte nach Paris, Dichter werden!

Sich auf seinen Vater berufend, erhielt Alexandre Dumas eine gut bezahlte Stellung im Sekretariat des Herzogs von Orléans, wo er seine Freiräume nutzte, um die antiken Dramatiker sowie Racine und Voltaire zu studieren. Die Werke von Shakespeare, Schiller und Goethe gehörten ebenfalls zu seinem Lektüreprogramm; mit Walter Scott und James Fenimore Cooper lernte er zwei Meister des historischen Romans schätzen. An den Abenden besuchte Alexandre Theateraufführungen und literarische Salons oder widmete sich einer seiner zahlreichen Liebesaffären.

Als Autor debütierte Dumas mit kleineren Prosawerken, bevor ihm 1828 mit seinem historischen Drama *Christine à Fontainebleau* ein erster Achtungserfolg gelang. Das Theaterstück über die Schwedenkönigin wurde an der Comédie Française uraufgeführt und in einer romantisierenderen Fassung als Roman gedruckt. Durch Auftragsarbeiten bestärkt, ging Alexandre Dumas das Wagnis ein, als freier Schriftsteller die Bühnen der Hauptstadt zu erobern. Sein Mut sollte ihm recht geben: Innerhalb weniger Jahre stieg er zum gefeierten Autor auf, er erhielt Erfolgsprämien und wurde an den Einnahmen überproportional beteiligt. Auf der anderen Seite gab er seine Honorare mit vollen Händen aus. Im März 1833 war die gesamte Pariser Kunst-, Musik- und Literaturszene zu Gast auf einem glanzvollen Kostümball, den Dumas ausrichtete. Delacroix, Musset, Rossini, Nerval, Sue – keiner wollte fehlen.

Nachdem seine Bühnenerfolge seltener geworden wa-

Traumschloß: Château de Monte-Cristo

ren, entdeckte Dumas das Feuilleton als neue Einnahmequelle. Er schrieb Theaterkritiken, Reiseberichte und Romane. Dies war zwar weniger prestigeträchtig, dafür aber lukrativer. Und für Dumas zählte letztlich nur das Geld. Er profitierte von den günstigen Voraussetzungen, die der französische Literaturbetrieb seit dem Ende der Restauration bot. Vor allem der in Fortsetzungen gedruckte Feuilletonroman, mit dem die Zeitungsverleger ihr Geschäft belebten und ihre Auflagen in ungeahnte Höhen trieben, stellte für Autoren ein glänzendes Geschäft dar. Sie erhöhten ihren Bekanntheitsgrad und konnten so für ihre Buchpublikationen hoch dotierte Verträge abschließen.

Alexandre Dumas gehörte zu den produktivsten Autoren des 19. Jahrhunderts; er beschäftigte ein ganzes Heer von Co-Autoren, die seine Ideen weiterführten und mit Details anreicherten. Dumas war diese Vorgehensweise schon aus seinen Anfangsjahren vertraut, als er anderen Autoren ihre Rechte an Theaterstücken abkaufte, um sie dann umzuschreiben und in seinem Sinne zu vollenden. Vor allem dank der Hilfe von Auguste Maquet, seinem bekanntesten Lohnschreiber, gelang ihm ein Bestseller nach dem anderen. Seine Kritiker warfen ihm vor, seine Mitarbeiter um ihr geistiges Eigentum zu betrügen und sie auszubeuten. Doch auch sein eigenes Arbeitspensum war enorm: Für eine Seite benötigte Dumas gerade einmal eine Viertelstunde, jeden Tag saß er zwölf Stunden am Schreibtisch und schrieb, um Zeit zu sparen, ohne Punkt und Komma. Die Interpunktion und die Korrekturen überließ er anderen.

Im Jahre 1844 stand Dumas im Zenit seines Ruhmes: Im März erschienen die *Drei Musketiere* als Fortsetzungsroman in *Le Siècle*, die *Königin Margot* entführte kurz darauf die Abonnenten von *La Presse* in die Geschehnisse der Bartholomäusnacht, und am 28. August erfuhren die

Leser des *Journal des Débats* erstmals vom Schicksal des Edmond Dantès, der als Graf von Monte-Cristo zu seinem perfekt geplanten Rachefeldzug startet. Dumas' Popularität und Einnahmen stiegen in ungeahnte Höhen. Er hatte auf dem Pariser Zeitungsmarkt geradezu eine Monopolstellung erworben, die ihm Mißgunst und Neid eintrug. Jahr für Jahr publizierte er nun Feuilletonromane wie am Fließband, Bühnenversionen und andere Doppelverwertungen mehrten seine Einkünfte. Alexandre Dumas hatte die Gesetze des Marktes begriffen: Mit *Le Mousquetaire* und *Le Monte-Cristo* gründete er zwei eigene Zeitungen, um auch als Verleger von der Attraktivität seiner Fortsetzungsromane zu profitieren.

Seinen wirtschaftlichen Erfolg wollte Alexandre Dumas durch den Bau eines prächtigen Landsitzes dokumentieren. Finanziell konnte er aus dem vollen schöpfen. Im Westen von Paris – Dumas lebte seit dem Frühjahr 1844 in Saint-Germain-en-Laye – entdeckte er bei einer Wanderung entlang der Seine ein Hanggrundstück, in welches er sich auf Anhieb verliebte. Hier in Port-Marly wollte er den Palast seiner Träume errichten lassen. Mit den Entwürfen des ersten Architekten war er nicht einverstanden, gegenüber dem zweiten ließ er keinen Zweifel an seinen Wünschen: »Monsieur Durand, legen Sie hier einen Englischen Garten an, in dessen Mitte ich ein Renaissanceschloß möchte und ihm gegenüber einen gotischen Pavillon, umgeben von Wasser ... Es gibt einige Quellen, aus denen Sie mir Wasserfälle schaffen können.« Obwohl der Architekt vor dem lehmigen Boden warnte, machte er sich sofort an die Arbeit, schließlich handelte es sich um einen Großauftrag: Die Baukosten betrugen 230 000 Francs – eine für die damalige Zeit immense Summe, wenn man bedenkt, daß Dumas als herzoglicher Sekretär 1200 Francs pro Jahr verdient hat!

Fast drei Jahre lang währten die Bauarbeiten, und das Resultat kann sich sehen lassen: Das Château de Monte-Cristo liegt inmitten eines ausgedehnten Parks, der sich einen Hang hinabzieht und sogar Platz für eine kleine Grotte sowie ein geheimnisvolles Verlies bietet. Die Pfade durch den Park taufte Dumas auf die Titel seiner Werke, so gab es eine *Allée Lorenzino* und eine *Allée Antony*; sie sind von dichtem Unterholz und einem Koniferenvorhang begrenzt, so daß sich nur an bestimmten Stellen weite Ausblicke öffnen – sorgsam inszenierte Effekte, deren Höhepunkt das überraschende Auftauchen eines verspielten Schlosses ist, das sich hinter einer Wegbiegung versteckt. Auf einem See grüßten Schwäne, und in den Menagerien hielt Dumas Affen, Papageien und einen Geier. In den Ställen war Platz für acht Rassepferde, die ihren Hafer aus marmornen Krippen fressen durften.

Das Château selbst ist ein quadratischer, dreistöckiger Bau im Zuckerbäckerstil mit einer Freitreppe, glitzernden Kuppeln und Turmspitzen, ein bißchen schwülstig, aber mit ausgewogenen Proportionen und letztendlich genauso verschwenderisch und exaltiert wie der Bauherr selbst. Allein zwölf Zimmer standen für Gäste zur Verfügung, die Dumas stets üppig bewirtete. Für seine Malerfreunde hatte er sogar ein Atelier einrichten lassen. Zu den Besuchern, die von der leutseligen Atmosphäre berichteten, gehörte auch der junge Jules Verne, der mit Alexandre Dumas junior befreundet war. Zusammen schrieben sie 1849 an der Komödie *Les Pailles rompues*, die ein Jahr später am Théâtre Historique aufgeführt wurde: »Man arbeitete an dem Stück in den Gärten von Monte-Cristo, wo zur Zeit des Mittagessens ausgehungerte Tischgäste herbeiströmten. Dumas stieg in die Anrichtekammer hinab und bereitete zwischen zwei Feuilletonkapiteln gekonnte Mayonnaisen zu. Zwar fehlte es an Besteck, das schien die Eingeladenen aber nicht

Der maurische Saal im Schloß

zu stören; der Champagner schäumte, die Frauen waren hübsch, und niemand beklagte sich, aus demselben Glas wie seine Tischgenossin trinken zu müssen.«

Gegenüber dem Château de Monte-Cristo steht ein neogotisches Schlößchen, von einem Wassergraben umzogen, das von Dumas auf den Namen »Château d'If« getauft wurde. Die plakativ in die Fassade eingravierten Namen seiner Werke und berühmter Dichter weisen darauf hin: Hierhin pflegte sich der Romancier zurückzuziehen, um in Ruhe arbeiten zu können.

So wie Edmond Dantès bei seiner Ankunft in Paris die Gesellschaft der Reichen und Mächtigen durch seinen zur Schau gestellten Luxus blendet, so inszenierte sich Alexandre Dumas als »König von Paris«. Zur glanzvollen Einweihungsfeier am 25. Juli 1847 waren zwar offiziell nur 50 Gäste geladen, doch gesellten sich noch 550 Neugierige hinzu, um »Dumas' irdisches Paradies« zu bestaunen und die Premiere des Festspiels *Shakespeare und Dumas* mitzuerleben.

Ein späterer Gast war Honoré de Balzac, der das Dumassche Anwesen nach seinem Besuch in Port-Marly in einem Brief an Madame Hanska beschrieb: »Wenn Sie dies sehen könnten, würden Sie verrückt werden. Es ist eine bezaubernde Villa, viel schöner als die Villa Pamphili, denn es gibt einen Blick über die Terrasse von Saint-Germain, und vor allem Wasser! ... Es ist genauso hübsch, genauso verziert wie das Portail d'Anet, das Sie in der École des Beaux-Arts gesehen haben. Es ist gut aufgeteilt; es ist ein Lustschlößchen aus der Zeit Louis XV, aber ausgeführt im Stil Louis XIII, und mit Renaissanceornamenten verziert.«

Ein langer Aufenthalt war Alexandre Dumas in seinem »irdischen Paradies« nicht vergönnt. Schon am 21. Mai 1848 mußte er alle Möbel aus dem Haus räumen lassen; er war über beide Ohren verschuldet, und das Château wurde am 22. März 1849 für 32 000 Francs zwangsversteigert. Der neue Besitzer war Jacques-Antoine Doyen, ein guter Freund von Dumas, der den Schriftsteller großzügigerweise wieder einziehen »ließ«. Als Dumas erneut ein Prozeß als Bankrotteur drohte, rettete er sich im Dezember 1851 durch eine überstürzte Flucht nach Brüssel. Da er bekanntermaßen politisch mit der Linken sympathisierte, ließ er die Öffentlichkeit in dem Glauben, er sei nach dem Staatsstreich von Louis Napoléon freiwillig ins »Exil« gegangen. In sein Phantasieschloß ist er nicht mehr zurückgekehrt.

Das Château de Monte-Cristo ist längst in öffentlichen Besitz übergegangen und widmet sich dem Andenken seines bekanntesten Bürgers. Auf verschiedenen Porträts begegnet dem Besucher Alexandre Dumas, beispielsweise, wie er stolz mit seinem Jagdhund vor dem Château posiert. Im einstigen Eßzimmer steht noch eine Marmorbüste von Dumas, seinen Hang zu den kulinarischen Köstlichkeiten hat der bekennende Feinschmecker mit einem selbst verfaßten Küchenlexikon unterstrichen, das als Erstausgabe ausgestellt ist. Sieht man einmal von dem Schreibtisch seines Sohnes ab, so ist das Originalmobiliar weitgehend verschwunden. Nur das Dekor der Räume ist erhalten geblieben. Besonders eindrucksvoll ist der im ersten Stock gelegene maurische Saal, zu dessen Einrichtung mit Mosaikböden und Koransprüchen sich Dumas 1846 durch eine Reise nach Nordafrika inspirieren ließ, auf der er die arabischen Paläste von Grenada und Tunis besichtigt hatte. Dank einer großzügigen Spende des marokkanischen Königs Hassan II. konnte der Saal 1985 renoviert und mit kostbaren Möbeln ausgestattet werden.

Anreise: Von Paris auf der A 13 die Ausfahrt Saint-Germain-en-Laye wählen. Anschließend auf der N 186 links nach Marly-le-Roi abbiegen. Das Château liegt auf einem Hügel oberhalb des Ortes. Adresse: 1, avenue du Président-Kennedy, Port-Marly.
Öffnungszeiten: Von April bis Oktober Di – Fr 10-12.30 Uhr, Sa 10-18 Uhr, So 10-18 Uhr. Von Nov. bis März nur So von 14-17 Uhr.

Zolas Haus in Médan. Rechts oben hinter der großen Fensterfront befindet sich das Arbeitszimmer

Ein verschachtelter Kaninchenbau

Émile Zola in Médan

Émile Zola war ein Landkind. Aufgewachsen im damals noch verträumten Aix-en-Provence, streifte er schon als Schuljunge durch die Natur, kletterte auf Berge und badete in glasklaren Flüssen. Mit der unbeschwerten Jugend war es allerdings vorbei, als materielle Sorgen seine verwitwete Mutter zwangen, nach Paris umzuziehen. Statt provenzalischer Felsgebirge begrüßten ihn fortan die Häuserschluchten der Hauptstadt. Der Anfang war beschwerlich, mühsam der Aufstieg vom einfachen Zollschreiber über den engagierten Verlagsmitarbeiter bei Hachette bis hin zum erfolgreichen Autor; die Sehnsucht nach dem Landleben blieb. Zola liebte Paris, doch genauso liebte er ausgedehnte Spaziergänge und Landpartien.

Als sein finanzieller Spielraum groß genug war – die Veröffentlichung von *L'Assommoir (Der Totschläger)* hatte ihn reich und berühmt gemacht –, wollte sich der 37jährige seinen Wunsch nach einem Haus auf dem Land erfüllen. Der Maler Antoine Guillemet empfahl ihm die Gegend um Triel im Nordwesten von Paris. Der Landstrich schien ideal, denn Zola mußte in der Umgebung von Paris bleiben, da er für verschiedene Zeitschriften über die 1878 erstmals an der Seine stattfindende Weltausstellung berichten sollte. Zola erkundete die Region und entdeckte Médan, ein kleines Dorf mit einem schmucken Château (in dem von 1924 bis 1940 der Schriftsteller Maurice Maeterlinck leben sollte), das sich einen Hang am linken Ufer der Seine hinaufzog.

Durch Zufall fand er ein bescheidenes Quartier, das ihm aufgrund seiner abgeschiedenen Lage besonders zusagte. Das kastenförmige Haus stand vollkommen einsam am

Ortsrand, »in einem Nest von Grün versteckt und vom übrigen Médan durch eine herrliche Baumhecke abgeschirmt«. Eigentlich wollte er nur eine Bleibe für die Sommermonate mieten, doch dies war nicht möglich, und so entschloß sich Zola trotz des Widerstands seiner Frau Alexandrine – sie war von der Vorstellung, zwei Haushalte zu versorgen, wenig begeistert – im Mai 1878, das zum Verkauf stehende Anwesen zu erwerben.

Tiefstapelnd berichtete er kurz darauf seinem Freund und Gönner Gustave Flaubert: »Neuerdings habe ich mir ein Haus gekauft, eine Art Kaninchenbau, zwischen Poissy und Triel, in einem reizvollen Winkel am Ufer der Seine; neuntausend Francs, diesen Preis verrate ich Ihnen, damit Ihr Respekt nicht ins Ungemessene steigt. Jedenfalls hat mir nun die Literatur diese bescheidene ländliche Zuflucht beschert, deren Vorzüge vor allem darin bestehen, daß sie weitab von jeder Eisenbahnstation liegt und noch kein Mitbürger sich in der Nachbarschaft angesiedelt hat. Hier bin ich ganz allein, bin gänzlich für mich; seit einem Monat habe ich nicht ein einziges fremdes Menschenantlitz geschaut.«

Schon kurz nach dem Einzug empfingen die Zolas die ersten Freunde in Médan. Die meisten Besucher kamen mit der Eisenbahn aus Paris. Leicht war das Haus nicht zu finden; so gab Zola seinen Gästen wie dem Schriftsteller Léon Hennique vorsorglich eine genaue Beschreibung mit auf den Weg: »Nehmen Sie den Zug, der um zwei Uhr in Paris abfährt, und steigen Sie in Triel aus; dort wenden Sie sich in die Richtung, aus der Sie gekommen sind, nach Paris also. Gehen Sie am linken Bahngleis entlang; der Weg neben dem Gleis führt direkt nach Médan. Nach einer halben Stunde Fußweg kommen Sie an eine Brücke; gehen Sie hinüber, und Sie sind da: Das Haus steht auf der anderen Seite der Brücke, rechts.«

Zola versammelte in den ersten Médaner Jahren einen Kreis junger naturalistischer Schriftsteller um sich, zu denen auch Guy de Maupassant und Joris-Karl Huysmans gehörten. Gewissermaßen als Ergebnis der gemeinsamen Abende wurde 1880 eine Novellensammlung unter dem Titel *Les Soirées de Médan* (»Die Abende in Médan«) herausgegeben. Zola steuerte *L'Attaque du Moulin* bei und Maupassant die Novelle *Boule de Suif*, die ihn im literarischen Paris bekannt machte.

Guy de Maupassant erinnerte sich später gerne an den »Sommer bei Zola«, die üppigen Mahlzeiten und die anregenden Gespräche: »An manchen Tagen angelten wir, und Hennique hatte dabei viel Erfolg, zu Zolas großem Leidwesen, der nur alte Latschen fing. Ich lag ausgestreckt im Kahn *Nana* oder ging für Stunden fort, während Paul Alexis mit seinen schlüpfrigen Vorstellungen herumlungerte, Huysmans Zigaretten rauchte und Céard, der das Landleben stupide fand, sich langweilte. So verstrichen die Nachmittage. Aber die Nächte waren herrlich, warm, das Laub duftete, und jeden Abend gingen wir auf der großen Insel gegenüber spazieren. Ich brachte alle im Kahn *Nana* hinüber. Und in einer Vollmondnacht redeten wir über Mérimée, von dem die Damen sagen: ›was für ein charmanter Erzähler‹ ...

Zola fand, daß das Erzählen eine ausgezeichnete Idee sei – man müsse sich Geschichten erzählen. Wir lachten, und dann kamen wir überein, daß, damit unsere Aufgabe nicht allzu leicht würde, der einmal gewählte Rahmen in den Geschichten der anderen beibehalten werden müsse. Wir setzten uns, und in der großen Ruhe der schlafenden Felder, im hellen Mondschein erzählte uns Zola diese entsetzliche Episode aus der unheilvollen Geschichte der Kriege, die den Namen *L'Attaque du Moulin* trägt.«

Ein Kritiker lästerte im Figaro vor allem über den Titel

der Novellensammlung, der sich anmaßte zu behaupten, »daß das hübsche Dorf zwischen Poissy und Triel ebenso bekannt ist wie die europäischen Hauptstädte«. »Zola hat sich hier ein Landhaus bauen lassen, wo er sich acht Monate im Jahr von seinen Schmeichlern umgeben aufhält; die übrigen Monate verbringt er in Paris in Gesellschaft ebenderselben jungen Männer, die ihn ›lieber Meister‹ nennen, und er wartet nur darauf, daß sie ihn ›Großer Bürger von Médan‹ nennen.«

Bis zu seinem Tod im Jahre 1902 verbrachte Zola mehr als die Hälfte des Jahres in Médan, die andere Zeit in seinen wechselnden Pariser Stadtwohnungen oder auf Reisen. Zola pflegte stets einen herzlichen Umgang mit den Bauern; er gehörte zeitweise sogar dem Gemeinderat von Médan an.

Das Haus konstruierte er wie eine Romanfolge. Der schreibende Architekt: Émile Zola. Zimmer für Zimmer, Turm für Turm erweiterte er seinen »Kaninchenbau«. »Ich bin vernarrt ins Bauen«, beichtete er Edmond de Goncourt. Der Erfolg seiner Bücher zeichnete sich schon ab. Im Jahre 1880 war der Turm »Nana« vollendet, Stallungen und Gästepavillons folgten. Um sich und den zahllosen Besuchern das Gefühl zu vermitteln, wirklich auf dem Land zu leben, hatten sich die Zolas Pferde und Kühe gekauft, sie züchteten Kaninchen und Hühner. »Dieses Haus ist ein Faß ohne Boden«, stöhnte Zola, um dann seinem Besitz noch einen Gartenpavillon mit vier Zimmern hinzuzufügen, den er nach seinem Verleger »Georges Charpentier« benannte. Doch nicht nur sein Verleger, auch andere Besucher wie Alphonse Daudet oder Edmond de Goncourt nächtigten in dem Gästepavillon. Als letzte große Baumaßnahme gesellte sich 1886 der sechseckige Turm »Germinal« hinzu, in dessen erstem Stock Zola ein pompöses Billardzimmer einrichtete. An Luxus herrschte kein Mangel: Im Badezimmer stand eine Badewanne aus Kupfer – Zola pflegte jeden Morgen nach dem Aufstehen ein Bad zu nehmen –, und selbst für einen als Handtuchwärmer konzipierten kleinen Ofen war Platz.

Anfangs war das Haus nur von einer kleinen Parzelle von 1200 Quadratmetern umgeben. Doch Jahr für Jahr erweiterte Zola seinen Grundbesitz, bis er nach 24 Landkäufen die gesamten Wiesen und Felder von der Eisenbahnlinie bis hinunter zur Seine erworben hatte; selbst eine ganze Seineinsel gehörte zum Zolaschen Besitz. Mit dem Boot »Nana« konnte man zur zwei Hektar großen »Ile du Platais« hinüberrudern, um sich in dem Gartenhaus »Le Paradou« zu amüsieren. Letzteres war eine norwegische Tannenholz-Blockhütte, die Alexandrine Zola beim Abbau der Weltausstellung erworben hatte. Bei schönem Wetter wurde auf der Insel Kaffee getrunken und im Gras gefaulenzt, im Sommer stürzten sich die Zolas mit ihren Gästen zur Abkühlung in die Seine.

Dem Garten galt die besondere Aufmerksamkeit von Madame Zola. Kein Baum wurde gepflanzt, kein Blumenbeet gesät, kein Spazierweg angelegt, ohne daß sie dies angeordnet hatte. Auch die zum Haus führende Lindenallee war ihre Idee. In den Gewächshäusern bauten die Zolas eigenes Gemüse an, um dieses möglichst frisch servieren zu können. Madame Zola wachte auch über das Wohlergehen der Tiere und achtete penibel auf Sauberkeit in Haus und Hof. Gespart wurde nicht, der Stall war gefliest, die Futtertröge aus Marmor gearbeitet. Je größer Haus und Grund wurden, desto mehr Angestellte gehörten zum Haushalt, der schließlich einen Kammerdiener, eine Köchin, zwei Gärtner, einen Kutscher und ein Zimmermädchen umfaßte – Zolas literarischer Erfolg war sichtbar.

Finanziell aus dem vollen schöpfend, frönten Émile und Alexandrine ihrer Sammelleidenschaft. »Wenn ich mit meiner Frau allein bin, verhalte ich mich nicht wie ein Familienvater, der alles tut, um die Erbschaft seiner Kinder zu vergrößern. Was reinkommt, geht gleich wieder raus. Ich befriedige hemmungslos meine Leidenschaft, Nippes zu sammeln. ... Ich verdiene viel, ich gebe viel aus, und ich weiß nicht, was das Wort Geldanlage bedeutet.« Zolas Sammelwut erstreckte sich über alle Stilepochen vom Mittelalter bis zum Art Nouveau, doch liebte er vor allem alte Stoffe, wie er in einem Interview gestand: »Ich sammle vor allem Tapisserien, alte Stoffe, alte Wandbehänge, herrliche Tuche. Sehen Sie sich diese Kleider an, wie reich ihr Damastmuster ist, wie wunderschön ihre Farben, ihre feinen Strickereien sind. Sie gehörten adligen Damen am Hofe von Louis XIV.« Sammelwut hin, Sammelwut her – manches Arrangement verdient fraglos die Bezeichnung Kitsch.

In Zolas Arbeitszimmer, das im obersten Stockwerk des »Nana«-Turms untergebracht war, stapelten sich die bei den Pariser Trödlern erworbenen Schätze. Besonders außergewöhnlich waren der eingebaute Renaissance-Kamin sowie – nicht mehr erhaltene – Glasfenster aus dem 15. Jahrhundert, verschnörkelte Stühle und ein wuchtiger Kronleuchter. Zola genoß es, neben einer mittelalterlichen Ritterrüstung zu sitzen und einen modernen Roman zu schreiben. In dem repräsentativen Raum, fünfeinhalb Meter hoch, sind mit Blick auf die Seine die meisten Bände des Rougon-Macquart-Zyklus entstanden. An der Wand ließ er, um sich selbst anzuspornen, die Inschrift *Nulla dies sine linea* in goldenen Lettern über dem Kaminsims anbringen. »Kein Tag ohne neue Zeile« so lautete sein Lebensmotto. Die eigentliche Bibliothek befand sich auf einer Empore, in der Nische darunter war Platz für einen Alkoven samt Sofa, auf dem er sich gerne ausruhte.

Seinen Arbeitsalltag hatte Zola wiederholt selbst beschrieben: »Ich arbeite wie ein Bürger, zu festgesetzten

Stunden: Morgens setze ich mich an meinen Schreibtisch wie ein Händler an seinen Ladentisch; ich schreibe langsam, im Schnitt drei Seiten am Tag, die ich dann wieder abschreiben muß: Stellen sie sich eine Frau vor, die Wolle verstrickt, Masche für Masche.« Der Rhythmus war fest vorgegeben. Nach dem Frühstück ging Zola mit seinem Hund eine Viertelstunde an der Seine spazieren, bevor er sich in sein Arbeitszimmer zurückzog. Um ein Uhr riefen ihn zwei Glockenschläge zum Mittagessen, anschließend genehmigte er sich ein Gläschen Likör im Billardzimmer und entspannte bei einem Mittagsschläfchen. Nachmittags liebte er es, sich ins Billardzimmer zurückzuziehen und seine Manuskripte zu korrigieren. Um fünf Uhr wurde Tee serviert, das Abendessen kam um Punkt halb acht auf den Tisch. Gegen elf Uhr ging Zola zu Bett, um noch bis tief in die Nacht zu lesen.

Um literarisch arbeiten zu können, benötigte Zola absolute Ruhe, die Einsamkeit des Kreativen. Ansonsten liebte er die Geselligkeit. Bunt zusammengewürfelte Künstlerrunden trafen sich in dem Schriftstellerhaus. Sein Jugendfreund Paul Cézanne, Edmond de Goncourt und Alphonse Daudet – sie alle waren zu Gast in Médan. Man amüsierte sich beim Boulespiel im Garten – heute steht dort eine Zola-Büste des Bildhauers Charmay –, diskutierte im rauchgeschwängerten Billardzimmer und tafelte schier endlos. Zumeist wurden die Gäste im prunkvollen Billardzimmer empfangen und mit Tee und Kuchen bewirtet. Es »hatte einen Mosaikboden und nahm das gesamte Obergeschoß des Turmes in Anspruch ... Der Raum war sehr hoch, seine Decke hatte schmale Balken und war ... mit dem Wappen von Médan ... dekoriert, desweiteren mit dem Wahrzeichen des heiligen Markus, dem geflügelten Löwen ... Ein sehr hoher und breiter Steinkamin befand sich in der Mitte der Wand ... links, zum Garten hin, stand ein massiver

Tisch mit schwerer Decke, ein Gestell für Nippsachen, Schreibmaterial und Bücher«, erinnerte sich ein Freund.

Das Speisezimmer war neben dem Arbeits- und Billardzimmer der dritte zentrale Ort im Médaner Haus. Inmitten des Raumes stand ein mächtiger Tisch, an dem Platz für bis zu acht Personen war. Madame Zola war berühmt für ihre opulenten Gastmahle, die in der benachbarten Küche mit ihren blauen Delfter Keramikkacheln zubereitet wurden. Wenn Gäste da waren, fehlte es an nichts. Zu jedem Gang wurde ein anderer Wein gereicht. Die besten Feinkostgeschäfte von Paris lieferten exotische Lebensmittel nach Médan. Selbst ein Känguruh wurde den Gästen einmal vorgesetzt, allerdings zum Mißfallen von Edmond de Goncourt, der bemängelte, es habe wie altes Reh geschmeckt. Stets war Alexandrine bemüht, neue ungewöhnliche Rezepte auszuprobieren. Zola beschrieb in seinem Roman *Das Werk* eines jener Festdiners, die in Médan vorzugsweise am Donnerstag stattfanden: »Suppe aus grünem Weizen, Rentierzunge aus Lappland, Streifenbarbe auf provenzalische Art, mit Trüffeln gefülltes Perlhuhn ...« Es nimmt nicht wunder, daß Émile wie auch Alexandrine mit erheblichen Gewichtsproblemen zu kämpfen hatten.

Als beide auf die fünfzig zugingen, machten sich die Beschwerden des Alters immer mehr bemerkbar. Zola stand zwar in der Blüte seines literarischen Schaffens, doch litt er zunehmend darunter, daß ihm und seiner Frau Alexandrine Kinderfreuden verwehrt geblieben waren. In seinem Roman *Der Traum* arbeitete er das persönliche Schicksal in der Geschichte von Hubert und Hubertine auf. »Das Ehepaar hatte trotz seines glühenden Wunsches kein Kind mehr bekommen. Nach vierundzwanzig Jahren beweinten sie noch immer jenes Kind, das sie verloren hatten.«

Dies stimmte nur zum Teil, denn Alexandrine hatte, bevor sie Émile Zola kennenlernte, als Neunzehnjährige ein

Der Renaissance-Kamin in Zolas Arbeitszimmer

Kind auf die Welt gebracht, welches sie, überfordert und verzweifelt, unmittelbar nach der Geburt in ein Hospiz für Findelkinder gab, wo es nach drei Wochen starb. Die eigene Kinderlosigkeit empfanden die Zolas als Strafe, und so dürfte auch diese Szene aus dem Leben von Hubert und Hubertine autobiographisch inspiriert sein: »Indessen liebten sie einander leidenschaftlich, sie lebten anspruchslos von der Arbeit; und sie waren unglücklich, es wäre darüber sicherlich zu Streitigkeiten gekommen, zu einem höllischen Leben, vielleicht zu einer gewaltsamen Trennung, wenn sie sich nicht beide soviel Mühe gegeben hätten, er nicht so gütig, sie nicht so vernünftig wäre.«

Émile Zola reagierte aktiv auf seine Midlifecrisis. Er unterwarf sich im Frühjahr 1888 einer strengen Diät und verzichtete konsequent auf Alkohol. Der Erfolg stellte sich bald ein: In nur drei Monaten hatte er vierzehn Kilo abgenommen. Zeitgleich wuchs sein Lebenshunger, und im Sommer 1888 nahm sein Leben unverhofft noch einmal eine entscheidende Wendung. Seine Frau hatte ein junges Mädchen namens Jeanne Roserot als Näherin und Zimmermädchen eingestellt. Jeanne war eine aparte Erscheinung, zuverlässig und zurückhaltend. Madame Zola erkannte ihr eigenes Schicksal in Jeanne wieder, beide waren als Halbwaise bei einer Tante aufgewachsen und hatten eine Lehre als Weißnäherin absolviert. Kurzerhand beschloß Madame Zola, Jeanne mit in die Ferien nach Royan an die Atlantikküste zu nehmen. Man vergnügte sich, ging spazieren und tafelte ausgiebig. Émile Zola war gut gelaunt und sprühte vor Lebenslust. Kurz nachdem alle nach Médan zurückgekehrt waren, kündigte Jeanne zur Verwunderung von Madame Zola aus »persönlichen Gründen«.

Es waren sogar sehr persönliche Gründe, denn Émile hatte sich in die 21jährige Jeanne verliebt und sie ging, von der Ernsthaftigkeit seines Werbens überzeugt, alsbald eine Beziehung mit dem berühmten Schriftsteller ein. Zola mietete für Jeanne eine Wohnung in Paris, verwöhnte sie, schenkte ihr Bücher und engagierte eine Klavierlehrerin. Zola war glücklich, so oft wie möglich traf er sich mit Jeanne, die sich mit ihrer sanften Art deutlich von der mitunter herrischen Alexandrine unterschied. Seine Freude kannte keine Grenzen, als sie ihm gestand, schwanger zu sein, und er am 20. September 1889 Vater einer Tochter wurde, die den Namen Dénise Émilie Henriette erhielt. Doch nicht genug: Zwei Jahre später gesellte sich mit dem kleinen Jacques Émile Jean noch ein Geschwisterkind hinzu. Émile schwebte im siebten Himmel – nur: Alexandrine ahnte nichts vom Doppelleben ihres Mannes.

Als sie schließlich durch einen anonymen Hinweis von Émiles Affäre und den beiden daraus entsprungenen Kindern erfuhr, tobte sie erst durch Médan und dann durch Jeannes Pariser Wohnung, wo sie den Schreibtisch aufbrach und Zolas Liebesbriefe zerfetzte. Alexandrine forderte die Scheidung. Émile lehnte entschieden ab; er liebte beide Frauen und wollte keine von ihnen verlieren. Zudem war Alexandrine materiell von Émile abhängig, und Émile wiederum brauchte Alexandrine für seine Bewerbung um einen Sitz in der *Académie française*, da diese nur Männer mit einem untadeligen Lebenslauf in den Kreis der »Unsterblichen« wählte. Im Laufe der nächsten Monate und Jahre arrangierte sich Alexandrine mit der Situation, wenngleich sie tief verletzt war.

Zola pendelte nicht nur zwischen zwei Frauen, sondern auch zwischen Paris und Médan. Da er, auch wenn er in Médan weilte, Jeanne und die gemeinsamen Kinder Dénise und Jacques in seiner Nähe wissen wollte, mietete er für sie ein Haus in Cheverchemont (Rue du Général-Leclerc 64), einem knapp vier Kilometer entfernten Dorf. Fast täglich unternahm er einen Ausflug mit dem Fahrrad und photographierte seine Kinder im Garten beim Spielen; manchmal stand er einfach nur am Balkon seines Arbeitszimmers und blickte mit dem Fernglas hinüber.

Ende des 19. Jahrhunderts stand Zola auf dem Zenit seines Erfolges. Auch sein Privatleben verlief längst wieder in geruhsamen Bahnen. Zwei Frauen, doppeltes Glück. Dies hätte ewig so weiter gehen können, doch dann kam das Jahr 1898, jenes Jahr, in dem sich Émile Zola in der Dreyfus-Affäre zu Wort meldete. Alfred Dreyfus, ein aus dem Elsaß stammender Artilleriehauptmann, war 1894 von einem Militärgericht wegen Spionage aus der Armee ausgeschlossen und zu lebenslänglicher Haft auf der sogenannten Teufelsinsel bei Cayenne (Guyana) verurteilt worden. Gegen Dreyfus sprach lediglich, daß er der erste und einzige Jude im antisemitisch eingestellten Generalstab war, aber das genügte den Richtern. Als Jahre später der wahre Spion im Generalstab ausgemacht war und trotz eindeutiger Beweislage am 11. Januar 1898 vom Kriegsgericht freigesprochen wurde, waren fast alle französischen »Intellektuellen« – der Begriff wurde in jenen Jahren geprägt – und republikanisch gesinnten Politiker über dieses Urteil erbost. Émile Zola, der damals wohl populärste Schriftsteller Frankreichs, ergriff Partei für Alfred Dreyfus und veröffentlichte zwei Tage später, am 13. Januar, in der Zeitung *L'Aurore* einen offenen Brief an den Präsidenten der Republik. Unter der Schlagzeile »J'accuse ...« (»Ich klage an ...«) bezichtigte Zola den Generalstab der Rechtsbeugung und beschuldigte ihn, den wahren Spion zu decken.

Das Kriegsministerium konterte und verklagte Zola wegen »Beleidigung«; der Schriftsteller wurde am 18. Juli zu einem Jahr Gefängnis sowie einer Geldbuße verurteilt und konnte sich der Verhaftung nur durch eine überstürzte Flucht nach England entziehen. Alexandrine harrte in Médan aus, Jeanne und die Kinder besuchten Émile in Lon-

Das Ehepaar Zola mit Freunden im Garten von Médan

don. Aufgrund seines italienischstämmigen Vaters von seinen Gegnern als »Venezianer« geschmäht, mußte Zola – er besaß seit 1862 die französische Staatsbürgerschaft – bis zum Juni 1899 im englischen Exil bleiben; erst als das Urteil aufgehoben worden war, kehrte er erhobenen Hauptes nach Frankreich zurück und fand schnell wieder in seinen gewohnten Arbeitsrhythmus zurück.

Tief getroffen durch die vielen Anfeindungen im Zuge der Dreyfus-Affäre zog sich Zola aus dem Gesellschaftsleben zurück, um das Landleben zu genießen. Den Sommer des Jahres 1902 verbrachte er wie gewohnt in Médan. Er war guter Dinge und schwärmte am 2. Juli in einem Brief an den Komponisten Alfred Bruneau: »Ich verbringe überaus angenehme Nachmittage in meinem Garten. Mit zunehmendem Alter sind meine Sinne für meine Umwelt geschärft, und ich liebe alles noch leidenschaftlicher.« Am 28. September 1902 bezogen Zola und seine Frau ihre Pariser Wohnung in der Rue des Bruxelles, da beide Anfang Oktober zu einer Italienreise aufbrechen wollten. Es war ungewöhnlich kalt und feucht für die Jahreszeit, so daß sein treuer Diener Jules Delahalle versucht hatte, den Kamin im Schlafzimmer anzuschüren. Es blieb beim Versuch, der Abzug funktionierte nicht richtig, und das Zimmer war schnell mit dickem Qualm erfüllt; der Diener löschte das Feuer, lüftete ausgiebig und trug dem Ofensetzer auf, sich am nächsten Morgen um den Kamin zu kümmern. Doch die Asche glomm unbemerkt weiter, auch als Émile und Alexandrine zu Bett gingen. Am nächsten Morgen war Émile Zola tot, gestorben an einer Kohlenmonoxydvergiftung; seine bewußtlose Frau konnte gerade noch rechtzeitig gerettet werden. Gerüchte, daß radikale Dreyfus-Gegner den Kamin absichtlich verstopft hätten, machten die Runde.

Nach dem Tod ihres Mannes mußte sich Alexandrine, die Jeanne und ihre Kinder großzügig unterstützte, einschränken. Sie ließ etliche Möbel und Kunstgegenstände, darunter auch Gemälde von Cézanne, Monet und Pissarro, versteigern und verkaufte einen Teil des Grundbesitzes in Médan sowie die Insel in der Seine. Wie eine Ansichtskarte aus dem Jahre 1905 bezeugt, auf dem das Haus mit dem Schild »Zu verkaufen« abgebildet ist, plante sie, sich ganz von Médan zu trennen.

Doch schließlich machte ihr der Journalist und Literaturkritiker Maurice le Blond – er sollte drei Jahre später Zolas Tochter Dénise heiraten – den Vorschlag, das Haus der öffentlichen Fürsorge zu stiften und gleichzeitig Émile Zolas Andenken zu wahren. Im Stiftungsvertrag wurde daher festgelegt, daß wesentliche Teile des Hauptgebäudes »in ihrem gegenwärtigen Zustand« erhalten bleiben und der »freie Zugang zum Grundstück jederzeit für alle Personen gewährleistet blieb, die das Landhaus in Erinnerung an Émile Zola und in Ehrerbietung für den berühmten Schriftsteller zu besichtigen wünschten, gleichgültig, ob es sich um Einzelpersonen oder Gruppen handelte, sofern dadurch die Ordnung und Pflege der Einrichtung nicht beeinträchtigt wurde«. Alexandrine hatte ihrem geliebten Gatten einen letzten Dienst erwiesen und sich zugleich mit ihrer eigenen Vergangenheit versöhnt, indem sie ihr Haus den Fürsorge-Kindern schenkte.

Anreise: Médan liegt im Département Yvelines, rund dreißig Kilometer nordwestlich von Paris. Die nächste größere Stadt ist Poissy. Von Paris kommend, nimmt man die A 13 in Richtung Westen. Die Autobahn an der Ausfahrt Poissy-Villennes verlassen und auf der D 164 nach Médan fahren. Die nächste Bahnstation ist das 1,5 Kilometer entfernte Villennes.

Öffnungszeiten: Seit 1984 untersteht das Haus der »Association pour le Rayonnement de L'Œuvre d'Émile Zola«. Es ist Sa und So sowie an Feiertagen von 14-18.30 Uhr im Rahmen einer Führung zu besichtigen.

34 Jahre in derselben Stadt

Jules Verne in Amiens

»Auf Wunsch meiner Frau habe ich mich in Amiens, einer kultivierten, zivilisierten Stadt mit ausgewogener Stimmung niedergelassen; die Gesellschaft ist herzlich und gebildet. Paris ist nah genug, daß wir noch seinen Schatten spüren, aber ohne den höllischen Lärm und diese fruchtlose Hetze.« Jules Verne fand viele lobende Worte für die Stadt, in der er von 1871 bis zu seinem Tod im Jahre 1905 gelebt hat. Honorine Verne hatte sich in Le Crotoy, einem kleinen Fischerhafen am Ärmelkanal, schier zu Tode gelangweilt; sie sehnte sich nach dem gesellschaftlichen Leben, wie sie es aus ihrer Heimatstadt Amiens kannte. Da für Jules Verne eigentlich genausowenig dafür wie dagegen sprach, nach Amiens überzusiedeln, gab er schließlich dem Drängen seiner Frau nach. Ihm war vor allem an geordneten häuslichen Verhältnissen gelegen, um in Ruhe arbeiten zu können, und diese Ruhe hing sehr stark von Honorines Zufriedenheit ab.

Rückblick: Am 8. Februar 1828 als Sohn eines Rechtsanwalts in Nantes geboren, wuchs Jules Verne in behüteten Verhältnissen in der bretonischen Hafenstadt auf. Obwohl ihn das Meer faszinierte und er von einem Leben als Kapitän träumte – sein Vater hatte gerade noch verhindern können, daß sein elfjähriger Sohn als blinder Passagier auf einem Schiff nach Westindien segelte –, begann er, dem väterlichen Willen gehorchend, mit dem Studium der Rechtswissenschaften, erst in Nantes, dann in Paris. In der Hauptstadt interessierte er sich jedoch schon bald mehr für Literatur und Theater als für trockene Gesetzbücher; er knüpfte Kontakte zu den Künstlerkreisen im

Quartier Latin und befreundete sich mit Alexandre Dumas, dem Sohn des gleichnamigen Verfassers der *Drei Musketiere.* Statt Paragraphen zu studieren, widmete er seine Abende dem Schreiben. Und er verzeichnete mit Theaterstücken und Operetten erste Anfangserfolge, so daß er sich entschied, die Jurisprudenz aufzugeben und sich nur noch dem Schreiben zu widmen. »Die Literatur über alles, denn hier allein kann ich es zu etwas bringen, weil mein Geist unabänderlich auf diesen Punkt fixiert ist!« Eine Zeitlang arbeitete Jules Verne noch als Sekretär des Direktors im Théâtre Lyrique, dann veröffentlichte er Reiseerzählungen und Abenteuergeschichten in dem Monatsmagazin *Musée des Familles.* Zunehmend begeisterte er sich für die moderne Wissenschaft und Technik, deren spektakuläre Neuerungen er auf der Pariser Weltausstellung bestaunte.

Fast zeitgleich veränderte sich auch sein Privatleben: Im Mai 1856 reiste Jules Verne in die Picardie, um der Hochzeit seines Freundes Auguste Lelarge beizuwohnen, der sich mit einer Bürgerstochter aus Amiens vermählte. In einem Brief an seine Schwester Sophie schwärmte Jules von der »entzückenden Familie Devianne, in die Auguste hineintritt«. Nicht grundlos, wie sich alsbald herausstellen sollte: Bei den Feierlichkeiten hatte er Honorine, die verwitwete Schwester der Braut, kennengelernt und sich in sie verliebt. Bereits wenige Monate später war Auguste nicht nur sein Freund, sondern auch sein Schwager, denn Jules und Honorine traten vor das Standesamt; Jules wurde zum Familienvater, da Honorine bereits zwei Töchter aus ihrer ersten Ehe mitbrachte. Vier Jahre später, am 3. August 1861, wurde Michel, das einzige gemeinsame Kind, geboren. Das Paar lebte in Paris, wo Jules nun als Börsenmakler arbeitete, um seinen Unterhalt auf eine Art zu bestreiten, die ihm viel Zeit zum Schreiben ließ. An Romanideen mangelte es ihm nicht.

Mit *Fünf Wochen in einem Ballon* gelang Jules Verne 1862 ein erster Achtungserfolg. Verne verstand es wie kein zweiter, Geographie, Wissenschaft und Abenteuer zu einem phantastischen Romangebilde zu vereinen. Er begeisterte sich für die technischen Errungenschaften seiner Zeit genauso wie für ferne Kontinente und Länder. Seit der *Reise zum Mittelpunkt der Erde* und *Kapitän Hatteras* war Verne auch materiell unabhängig. Sein Verleger Pierre-Jules Hetzel nahm ihn als Hausautor exklusiv unter Vertrag und rief die Romanreihe *Voyages extraordinaires* ins Leben, die vor allem ein jugendliches Publikum im Blick hatte. Seither produzierte Verne Buch um Buch, Abenteuer um Abenteuer. In dieser Zeit wohnte er mit seiner Familie im Pariser Vorort Auteuil, später in Le Crotoy, wo er seit 1866 ein Sommerhaus besaß, und schließlich erfolgte der Umzug in die Metropole der Picardie, nach Amiens.

Die zeitgenössische *Géographie illustré* beschrieb das damals 60 000 Einwohner zählende Amiens als eine »recht interessante Stadt; ihre neuen Stadtteile sind regelmäßig angelegt, doch im ganzen alten Teil, der an die Somme grenzt, ist sie entsetzlich verbaut; dieser Fluß teilt sich hier beim Durchfließen in elf Arme, die eine große Anzahl von Fabriken zur Ansiedlung veranlaßt haben«. Damals wie heute wußte Amiens auch mit seinem touristischen Kapital zu glänzen, in erster Linie mit seiner Kathedrale. John Ruskin, der ein Jahr in Amiens weilte, um die größte gotische Kirche Frankreichs zu studieren, hat sie in seiner *Bible of Amiens* als »Pantheon der Gotik« beschrieben. In der verwinkelten Altstadt und im Viertel Saint-Leu drängen sich mittelalterliche Backsteinhäuser eng aneinander, und aufgrund seiner zahlreichen Kanäle, die das einstige Viertel der Gerber und Färber durchziehen, wird Amiens gerne als »Venedig Nordfrankreichs« gerühmt.

Jules Verne interessierte sich für die altehrwürdige Kathe-

Im Musiksalon gab Honorine Verne jeden Mittwochabend einen Empfang

dralenstadt anfangs nur wenig, und er machte es sich zur Gewohnheit, jeden Monat ein paar Tage in Paris zu verbringen. Offiziell waren es seine Studien in der Geographischen Gesellschaft, weshalb er in die Seinemetropole reiste, doch suchte er dort vor allem den Austausch mit seinem Verleger Hetzel und befreundeten Intellektuellen. Die Académie d'Amiens mußte häufig auf die Anwesenheit ihres 1872 einstimmig aufgenommenen Mitglieds verzichten. Abgesehen von seinen regelmäßigen Parisabstechern unternahm Verne in den folgenden Jahren zahlreiche Seereisen durch die Nord- und Ostsee sowie durchs Mittelmeer.

Honorine hingegen war glücklich, wieder in ihrer Heimatstadt zu wohnen. In Paris und in Le Crotoy hatte sie sich stets vom gesellschaftlichen Leben ausgeschlossen gefühlt; in Amiens hoffte sie, als Frau eines inzwischen berühmten Schriftstellers Aufnahme in die besseren Kreise der Stadt zu finden. Doch dies war nicht leicht, da »die Angehörigen der Mittelklasse in jenen Tagen eine fast hinduistische Auffassung von der Gesellschaft hatten«, wie es Proust einmal formulierte. Obwohl sich Honorine in diversen Wohltätigkeitskomitees engagierte, war der Zugang mühsamer als erhofft. Jules Verne entschloß sich trotz der großen Ausgaben, im Frühjahr 1877 ein monumentales Kostümfest zu geben, »damit meine Frau und ihre Kinder in der Stadt die Stellung haben, die ihnen zukommt und die sie nicht hatte ... Jetzt wird man mich nicht mehr allein einladen, wie es manchmal vorgekommen ist. – Ich persönlich hätte die 4000 Francs, die mich das gekostet hat, lieber für eine Reise verwendet.« Eine lohnende Investition, denn das Fest wurde ein grandioser Erfolg. Mehr als 350 Gäste erschienen zu dem prächtigen Kostümball, bei dem Szenen und Figuren aus den *Voyages extraordinaires* sowie aus Offenbachs Operetten gegeben wurden. Mit stolzgeschwellter Brust berichtete er seinem Verleger:

»Mein neutraler Name hat eine ganz prächtige Gesellschaft versammelt, die kein politischer oder industrieller Name hätte zusammenbringen können.« Jahre später lud das Ehepaar Verne zu einem zweiten Kostümball; diesmal folgten mehr als 500 Gäste der Einladung in die »Grrrrande Auberge du Tour de Monde«.

Allmählich war Jules Verne in Amiens heimisch geworden; er entwarf sogar eine satirische Zukunftsvision seiner neuen Heimatstadt im Jahr 2000, die er unter dem Titel *Une Ville idéale* veröffentlichte: »Oh! Wenn wir die Zeit haben, auf die Spitze der Kathedrale zu klettern, werden Sie die Hauptstadt unserer Picardie leicht wiedererkennen, die jetzt deutlich auszumachen ist! ... Sie erkennen ihre Ringstraßen, die den Fluß auf zwei prachtvollen Brükken überqueren und einen grün leuchtenden Gürtel bilden! Sie erkennen die Industrieviertel, die innerhalb kurzer Zeit am rechten Ufer der Somme entstanden sind.«

Jules Vernes Verhältnis zu Amiens änderte sich spürbar, als er im Februar 1886 seine geliebte Dampfyacht »Saint-Michel« verkaufen mußte, um die Schulden seines Sohnes – Michel war mit seiner Firma bankrott gegangen – zu tilgen. Er interessierte sich verstärkt für die Kommunalpolitik und entschloß sich überraschenderweise, für den Stadtrat von Amiens zu kandidieren. Zum Entsetzen seiner Familie ließ er sich 1888 auf die radikal-republikanische Liste von Frédéric Petit, dem amtierenden Bürgermeister von Amiens, setzen. Ein wenig Opportunismus mag dabei gewesen sein, denn Amiens war eine »rote« Stadt. Wie auch immer, am 13. Mai wurde Verne zum Stadtrat gewählt, und er befaßte sich in seinem neuen Amt mit den Themen Bildung, Kultur und Stadtplanung. Gleich zu Beginn seiner Amtszeit engagierte er sich erfolgreich für einen neuen Zirkus, in dem regelmäßig Konzerte und Theateraufführungen stattfinden sollten, und weihte ihn im folgenden Jahr persönlich ein. Seinem Freund Alexandre Dumas d. J. teilte er 1890 mit: »Ich provinzialisiere mich bis in die Zehenspitzen.« Noch dreimal wurde Verne wiedergewählt und gehörte somit sechzehn Jahre lang dem Stadtrat von Amiens an, ohne je eine wichtige Sitzung versäumt zu haben.

Jules Verne lebte insgesamt 34 Jahre in Amiens, davon die weitaus längste Zeit in einer vornehmen Stadtvilla in der Oberstadt, wo die Honoratioren gewöhnlich wohnten. Und Jules Verne gehörte als Bankvorstand, Mitglied der Académie d'Amiens sowie als Stadtrat zu diesem erlauchten Kreis. Das Ziegelsteineckhaus, das er 1882 bezogen hatte und das heute als Museum fungiert, wurde in der Mitte des 19. Jahrhunderts errichtet. Das Anwesen lag zwar unmittelbar an der Eisenbahnlinie Paris-Boulogne, doch der Lärm der Züge störte Jules Verne nicht; er schätzte die gesetzte Ruhe des Viertels und das Leben in einer Provinzstadt. In dem Haus, das wegen seinem markanten Treppenturm auch »Maison à la Tour« genannt wurde, entstand eine Vielzahl seiner Werke, hier empfing er Besucher und Bewunderer. Zum Haus gehörte noch ein großer Garten, der allerdings längst verschwunden ist, mehrere Nebengebäude sowie ein schmucker Wintergarten.

In seinem Roman *Wilhelm Storitz' Geheimnis* diente Jules Vernes eigenes Domizil als Vorlage für das Haus der Myra Roderich: »Es ist ein modernes Gebäude, das im Inneren eine ebenso reiche wie vornehme Ausschmückung aufweist und mit jenem gediegenen Geschmack möbliert ist, welcher auf ein feines, künstlerisches Empfinden schließen läßt. Durch das große Haustor, neben dem sich ein kleiner Eingang befindet, gelangt man in den gepflasterten Hof, der sich in einem großen, von Ulmen, Akazien, Kastanienbäumen und Buchen umsäumten Garten fortsetzt; die

Jules Vernes Zukunftsvisionen sind als Modelle im Museum ausgestellt

mächtigen Baumwipfel überragen die hohen Einfassungsmauern. Gegenüber den zwei Eingangstüren befinden sich die Nebengebäude, an deren Mauern sich Aristolochia und wilder Wein emporranken und die durch einen Glasgang mit farbigen Scheiben mit dem Haupttrakt verbunden sind. Dieser Verbindungsgang mündet schließlich an der Basis eines runden, ungefähr sechzig Fuß hohen Turmes, in welchem sich eine Treppe hinaufwindet.«

Im Erdgeschoß befanden sich die großen Empfangsräume sowie das Eßzimmer, die dem damaligen Geschmack gemäß mit schweren Möbeln, dicken Vorhängen und allerlei Nippes ausgestattet waren. Hier war Honorines Reich. Im Musiksalon, von dem noch der Parkettboden, der Kamin aus weißem Marmor sowie die Spiegel original erhalten sind, gab sie jeden Mittwochabend einen Empfang für das Bürgertum der Stadt. Man traf sich zum Spielen, Musizieren und Diskutieren. Jules Verne nahm ohne großes Engagement teil, plauderte ein wenig oder schwieg zum Entsetzen seiner Frau den ganzen Abend. Er war nicht in der Lage, sich für ein Thema zu begeistern, das ihn nicht wirklich interessierte, und zog sich daher zumeist gegen 22 Uhr zum Schlafen zurück. Verne war kein Nachtmensch; seinem Helden Phileas Fogg ähnlich, war ihm ein geregelter Tagesablauf wichtig. Gewöhnlich stand er zwischen fünf und sechs Uhr morgens auf und setzte sich bis mittags an den Schreibtisch, um an seinen Romanen zu arbeiten. Nach dem Mittagessen unternahm er einen Spaziergang durch Amiens und trank in der *Pâtisserie des Trois-Cailloux* ein Glas warme Milch. Der Nachmittag war für Lektüren, Bibliotheksbesuche und seine Stadtratsarbeit reserviert.

Direkt an den Musiksalon schließt sich das Raucherzimmer an, in dem heute eine Bibliothek mit Werken von Jules Verne untergebracht ist, der größte Teil davon in nichtfranzösischen Ausgaben. Der Globus auf dem Schreibtisch soll den imaginären Weltreisenden symbolisieren. Ursprünglich befanden sich die Bibliothek und das Arbeitszimmer von Verne im zweiten Stock des Hauses, von wo aus der Blick auf die Kathedrale von Amiens fällt. Der Journalist und Oscar-Wilde-Biograph Robert Sherard hat Jules Verne 1894 besucht und das Arbeitszimmers beschrieben: »Die Wendeltreppe, die zu den oberen Stockwerken führt, erreicht man durch den Hof, und ganz oben befinden sich die privaten Räumlichkeiten von Monsieur Verne. Über einen Korridor mit rotem Läufer, ähnlich dem auf der Treppe, tapeziert mit Seekarten und anderen Landkarten, gelangt man in ein Eckzimmer, möbliert mit einem einfachen Feldbett. Neben einem Erkerfenster steht ein kleiner Tisch, der mit Notizen und Dokumenten überhäuft ist. Auf einem schmalen Kaminsims stehen zwei Statuen, eine von Molière und eine von Shakespeare; darunter hängt ein Aquarell, das ein Dampfboot zeigt, welches die Bucht von Neapel durchkreuzt. In diesem Raum arbeitet Verne. Das große, benachbarte Zimmer beherbergt die Bibliothek, in der die Regale vom Boden bis zur Decke reichen.«

Zu Vernes bevorzugter Lektüre zählten neben Homer, Vergil, Montaigne und Shakespeare vor allem Cooper, Dickens sowie Walter Scott. Aufrichtige Bewunderung zollte er seinem Landsmann Guy de Maupassant. Stolz hatte Verne seine eigenen Werke meterlang aneinandergereiht, ausländische Ausgaben, darunter auch Übersetzungen ins Arabische und Japanische. Unverzichtbar waren die zahlreichen Nachschlagewerke sowie sein Archiv mit 25 000 nach Themen geordneten Karteikarten, die das Fundament seiner Romane bildeten. In dem von Sherard erwähnten einfachen Feldbett schlief Jules Verne; er und seine Frau hatten sich entfremdet und seit Jahrzehnten getrennte Schlafzimmer.

Jules Verne, um 1873.
Photographie von Nadar

Im Jahre 1900 verlassen die Vernes das Eckhaus in der Rue de Charles-Dubois, um in ein kleineres Haus am nahen Boulevard Longueville umzuziehen. Ihre langjährige Haushälterin war kurz zuvor gestorben, und die Herrschaftsvilla war ihnen zu groß geworden. Die nächsten Jahre waren von den Sorgen des Alters bestimmt. Jules Vernes Gesundheitszustand verschlechterte sich zunehmend. Er litt an Diabetes und am Grauen Star, der seine Sehkraft schwinden ließ. »Ich erkenne niemanden mehr auf der Straße, kaum sehe ich, was ich schreibe; ich lebe im Nebel«, schrieb er in einem seiner letzten Briefe an den mit ihm befreundeten Pariser Photographen Nadar. Am Morgen des 24. März 1905 verstarb Jules Verne in Amiens, wo er von 5000 Trauernden zu seiner letzten Ruhestätte begleitet wurde.

Verne hat nur wenig Autobiographisches hinterlassen, einem Bewunderer teilte er einmal kurz und bündig mit: »Ich habe nicht vor, die Geschichte meines Lebens zu schreiben, das nichts sehr Interessantes aufzuweisen hätte, ebensowenig wie den Bericht meiner Reisen zu verfassen, die auch nicht interessanter wären.«

Anreise: Amiens, die Hauptstadt der Picardie, ist über die A 1 oder A 16 von Paris in anderthalb Stunden zu erreichen. Die genaue Adresse der Maison de Jules Verne lautet: 2, rue Charles-Dubois.
Öffnungszeiten: Di – Fr 9-12 Uhr und 14-18 Uhr, Sa und So nur 14-18 Uhr. Im Winterhalbjahr ist das Museum nur nachmittags geöffnet. Achtung: Wegen Renovierungsarbeiten ist die Maison de Jules Verne voraussichtlich bis zum Dezember 2005 geschlossen. www.jules-verne.net.

Der Mönch von Croisset

Gustave Flaubert und die Normandie

Wehmütig erinnerte sich Gustave Flaubert am 6. Februar 1850 an sein Haus in Croisset, während er an Bord der Canja nilaufwärts fuhr, um Ägypten und Nubien zu erkunden. Umgeben von Pyramiden, Tempeln und Moscheen verzehrte sich Flaubert nach seiner normannischen Heimat. Nicht der Nil mit seinen Palmen, sondern die Seine mit ihren Primeln rührte ihn zutiefst. In seinem Herzen war nur Platz für Croisset:

»Irgendwo dahinten, an einem ruhigeren, nicht so antiken Fluß, habe ich ein weißes Haus, dessen Blendläden geschlossen sind, jetzt wo ich nicht dort bin. Im kalten Nebel zittern Pappeln ohne Laub, und die Eisstücke, die der Fluß befördert, stoßen sich an den hart gewordenen Ufern. Die Kühe sind im Stall, die Matten über den Spalieren, langsam steigt der Rauch vom Haus zum grauen Himmel empor.

Ich habe die lange, von Linden gesäumte Louis-XIV-Terrasse weit hinter mir gelassen, über die ich sommers im weißen Hausrock spazierengehe. In sechs Wochen wird man sie schon sprießen sehen. Dann wird jeder Zweig rote Knospen haben, und später kommen die gelben, grünen, roten, irisfarbenen Primeln hinzu. Sie übersäen den Rasen der Höfe. Ach, Primelchen, meine Kleinen, vergeudet nur eure Samen nicht, damit ich euch im nächsten Frühjahr wiedersehen kann!

Ich habe die große, mit Rosen überzogene Mauer und den Pavillon am Wasser hinter mir gelassen. Ein Geißblattbüschel wächst draußen auf dem Eisenbalkon. Im Juli, um ein Uhr nachts im Mondlicht, kommt man gern dorthin, dem Angeln der Calujoten zuzusehen.«

Der unweit von Rouen gelegene Weiler Croisset ist bis

heute untrennbar mit dem Namen Gustave Flaubert verbunden. Mehr als drei Jahrzehnte bildete das kleine Dorf den Mittelpunkt seines Lebens. An dem wuchtigen Schreibtisch mit Blick auf die Seine entstanden seine berühmten Romane und Novellen. Die seltenen Gäste zeigten sich beeindruckt, so auch Edmond de Goncourt: »Sein Anwesen ist wirklich sehr schön und es war mir nur einigermaßen unvollständig in Erinnerung geblieben. Diese unermeßliche Seine, auf der die Masten der Schiffe, die man nicht sieht, vorübergleiten wie in einem Bühnenhintergrund, diese schönen großen Bäume, deren Kronen die Meereswinde durchwühlen, dieser Park mit seinen Spalierbäumen, diese lange Terrassenallee, diese peripatetische Allee: im Grunde ist dieses Haus Flauberts – nachdem es im achtzehnten Jahrhundert das Haus eines Benediktinerordens gewesen war – ein wirkliches Schriftstellerhaus.« Kein offenes Haus – eher der normannische Elfenbeinturm eines misanthropischen Einsiedlers.

Gustave Flaubert wurde am 12. Dezember 1821 im städtischen Krankenhaus von Rouen geboren, jenem Krankenhaus, dem sein Vater jahrzehntelang als leitender Chirurg vorstand. Die Familie Flaubert lebte in einer Dienstwohnung, die sich in einem Seitenflügel des Hospitals befand, gewissermaßen Tür an Tür mit Krankheit und Tod. So stand der kleine Gustave mit großen Augen am Fenster, als nach einer Choleraepidemie die Leichenkarren zu Dutzenden den Hof verließen. Schräg unter dem Speisezimmer lag der Seziersaal des Hospitals; seine Fenster gingen zum Garten hinaus. Heimlich beobachteten Gustave und seine jüngere Schwester Caroline den Vater bei seiner Arbeit.

Oft wurde darüber spekuliert, inwieweit die Krankenhausatmosphäre, mit der Flaubert von Kindesbeinen an vertraut war, seine pessimistische Grundhaltung geprägt hat. »Von der Küche aus hörte man die Kranken husten und ihre ganze Leidensgeschichte vorbringen«, heißt es in *Madame Bovary.* Wahrscheinlich konnte Gustave in seinem Kinderzimmer sogar die Schreie der Patienten hören, wenn wieder einmal eine Amputation ohne Narkose durchgeführt wurde. Seinem Vater, einem in Rouen überaus geachteten Mann, sollte Flaubert später in der Gestalt des Doktor Larivière in *Madame Bovary* ein literarisches Denkmal setzen. »Er gehörte der großen, auf Bicharts Arbeiten gegründeten Chirurgenschule an, jener heute ausgestorbenen Generation philosophischer Praktiker, die ihrer Kunst mit fanatischer Liebe zugetan waren und sie mit Begeisterung und Scharfsinn ausübten. In seinem Krankenhaus zitterte alles, wenn er zornig wurde, und seine Schüler verehrten ihn so sehr, daß sie, kaum etabliert, ihn so weit wie möglich nachzuahmen suchten.«

Weder sein Vater noch seine Mutter begegneten dem jungen Gustave mit Wärme und Zuneigung. Gefühlen standen die Eltern mit distanzierter Skepsis gegenüber; der Vater, der als Chefarzt zu den städtischen Honoratioren gehörte, kümmerte sich in erster Linie um seine Kranken und mehrte das Vermögen für seine Nachkommenschaft; die mütterliche Erziehung war pragmatisch und streng. Liest man seine Briefe, so drängt sich der Eindruck einer weitgehend freudlosen Kindheit auf. Als Schüler besuchte Flaubert das Collège Royal in Rouen (heute Lycée Corneille). Bereits als Zwölfjähriger hatte er ein ausgeprägtes literarisches Interesse entwickelt, er fungierte als »Herausgeber« der von ihm selbst verfaßten Schülerzeitschrift *Arts et Progrès* und schrieb an einem historischen Roman über *Isabeau de Bavière.*

Nachdem sich Gustave Flaubert mit Glück dem Militärdienst hatte entziehen können, immatrikulierte er sich

Flauberts Pavillon in Croisset

an der Sorbonne. Sein älterer Bruder Achille hatte bereits die Chirurgenlaufbahn eingeschlagen, daher sollte sich Gustave auf väterlichen Wunsch der Jurisprudenz widmen. Doch schnell wurde deutlich, daß er sich weder im Pariser Studentenmilieu richtig wohl fühlte – so sehr war er in seiner normannischen Provinz verwurzelt – noch von seinem gewählten Fach begeistert war: »Die Rechtswissenschaften bringen mich um, verblöden und lähmen mich.« Prompt fiel er durch das juristische Examen. Als er, psychisch angeschlagen, 1844 auch noch ohnmächtig vom Kutschbock stürzte – wahrscheinlich infolge eines epileptischen Anfalls –, akzeptierte die Familie, daß Gustave sein Studium endgültig abbrach. »Meine Krankheit hat mir den Vorteil eingebracht, so leben zu können, wie es mir gefällt«, offenbarte er später einem Freund.

Just in jenem, für Flauberts zukünftiges Leben so wichtigen Jahr erwarb sein Vater Achille-Cléophas ein stattliches Landhaus in Croisset, einem kleinen Weiler ein paar Meilen stromabwärts an der Seine. Schon zuvor hatte die Familie einen Landsitz in Déville-lès-Rouen besessen, den sie aber aufgab, als die Eisenbahn zwischen Rouen und Le Havre gebaut wurde und die Trasse mitten durch ihren Garten verlaufen sollte. Doktor Flaubert suchte einen neuen Ort, um mit seiner Familie die Sonntage und Ferien nicht in der Krankenhausatmosphäre verbringen zu müssen. In Croisset gehörte ein ganzer Park samt Lindenallee und Pavillon zu dem Anwesen. Allerdings mußte noch allerhand renoviert werden; die Schlafzimmer wurden mit Kaminen ausgestattet, um das Haus ganzjährig bewohnbar zu machen.

»Croisset besteht nur aus einer Gruppe von Häusern, die am Ufer der Seine gelegen sind und zum Kirchspiel von Canteleu gehören, dessen alte Kirche ganz oben inmitten einer Baumgruppe steht. Der Weg ist prächtig, ein langer Pfad, der sich an Wiesen und Getreidefeldern entlangschlängelt; je höher man steigt, desto größere Krümmungen macht die Ebene, der ungeheure Horizont erweitert sich, und durch Dörfer und Wälder fließt die Seine in unabsehbarem Laufe dahin. Rechts am grauen Meer sieht man die Dächer von Rouen, während links bläuliche Dämpfe in den unermeßlich blauen Himmel aufsteigen«, so hat Émile Zola den Ort später beschrieben.

Gustave genoß seinen ersten Sommer in Croisset und verbrachte die meiste Zeit in einem Ruderboot oder lesend, vorzugsweise Shakespeare. »Meine Bücher liegen vor mir auf dem Tisch, die Fenster sind geöffnet, alles ist ruhig.« Auch den nächsten Sommer hielt sich Gustave zusammen mit der Familie in Croisset auf. Nach dem überraschenden Tod seines Vaters (1846) übernahm Flauberts älterer Bruder Achille dessen Stellung als Chefarzt und bezog die zugehörige Dienstwohnung im Krankenhaus. Gustave siedelte im Frühjahr mit seiner Mutter und seiner kleinen Nichte Caroline – Flauberts Schwester Caroline war am Kindbettfieber gestorben – nach Croisset um. »Was für eine Reise«, schrieb Gustave seinem besten Freund Maxime du Camp, »allein mit meiner Mutter und dem schreienden Säugling ... Von den vier Menschen, die hier lebten, sind nur zwei übriggeblieben. Die Bäume sind noch kahl, der Wind bläst, der Fluß hat Hochwasser, die Zimmer sind kalt und ohne Möbel.«

Croisset liegt nur wenige Kilometer westlich von Rouen und war mit einer Kutsche schnell zu erreichen. Angewidert von der Gemeinheit und Dummheit des bürgerlichen Lebens, entschied sich Flaubert, seine Tage in beinahe mönchischer Abgeschiedenheit zu verbringen: »Ich habe mir ein Loch gegraben, und da bleibe ich und passe auf, daß immer die gleiche Temperatur herrscht.« Nach eigenem Bekunden hegte Flaubert einen Abscheu gegen das Land-

Gustave Flaubert, um 1870

leben, doch fand er in Croisset die Einsamkeit, die er zum Schreiben benötigte.

Fortan führte Flaubert ein zurückgezogenes Leben, das neben Abstechern nach Paris und London vor allem durch seine große Orientreise sowie eine Exkursion nach Tunis unterbrochen wurde. Kontakte und gesellschaftliche Verpflichtungen pflegte er in Paris wahrzunehmen – Croisset blieb sein Refugium, dessen Zugang er restriktiv beschränkte. Erst nachdem er durch die Veröffentlichung seiner *Madame Bovary* zu einem berühmten Schriftsteller geworden war, lud Flaubert gelegentlich befreundete Kollegen und Kritiker nach Croisset ein.

»Es war ein hübsches weißes Haus im alten Stil, unmittelbar am Seineufer gelegen, inmitten eines herrlichen Gartens, der sich dahinter ausdehnte und in steilen Wegen die große Anhöhe von Canteleu hinaufkletterte. Durch die Fenster seines geräumigen Arbeitszimmers sah man, wie ganz in der Nähe große Schiffe stromaufwärts nach Rouen fuhren oder stromabwärts zum Meer, und wie sie mit den Rahen fast die Mauern zu berühren schienen. Er liebte es, die stumme Bewegung dieser großen Schiffe zu betrachten, die auf dem breiten Fluß dahinglitten und nach all den Ländern reisten, von denen man träumt«, erinnerte sich Guy de Maupassant an das Haus seines großen Förderers, der sich ihm stets väterlich verbunden fühlte.

Dröhnend soll Flauberts Baßstimme über die Seine geschallt haben, wenn er in seinem Pavillon in Croisset saß, um sich selbst Passagen aus seinen Manuskripten vorzulesen. Wie ein Bildhauer den Marmor nach Rissen abklopft, so hörte er seine Sätze nach ihrem Rhythmus und Klang ab. Nacht für Nacht, Satz um Satz. Die Flußschiffer mochten dieses Unikum, das in weiten Hosen und einem mächtigen Schlafrock in seinem am Ufer gelegenen Haus stand; sein bis in die Morgenstunden hell erleuchtetes Arbeitszimmer diente ihnen als Orientierungshilfe. Auch die Sonntagsausflügler, die mit dem Dampfer von Rouen nach La Bouille fuhren, sollen enttäuscht gewesen sein, wenn sie Flaubert nicht hinter seinem Fenster erblicken konnten. Flaubert wiederum bereitete es Vergnügen, die Menschen auf dem überfüllten Schiff mit dem Opernglas zu beobachten und sich an ihrer Vulgarität zu ergötzen.

Die Brüder Goncourt besuchten Flaubert mehrmals in dessen »hübschen Wohnsitz mit einer Louis XVI-Fassade, auf einer Landzunge am Ufer der Seine gelegen, die an dieser Stelle so breit wie die Bucht eines Sees ist«. Allerdings mokierten sie sich über Flauberts normannische Sparsamkeit: Es gab kein richtiges Feuer in den Kaminen, die Teppiche waren zu klein, und selbst beim Essen sei Schmalhans Küchenmeister gewesen.

Im Gegensatz zu den Goncourts und Émile Zola verwehrte er seiner elf Jahre älteren Geliebten Louise Colet mit Vehemenz den Zutritt zu seinem Haus in Croisset. Statt dessen verabredete er sich mit ihr zumeist zu einem Stelldichein in Rouen oder in Mantes, das auf halber Strecke zwischen Paris und Rouen lag. Wiederholt ist darauf hingewiesen worden, daß Flaubert ohne seine Erfahrungen, die er mit der leidenschaftlichen Pariser Schriftstellerin gemacht hatte, seine *Madame Bovary* nie hätte schreiben können. Doch Flauberts Mutter, die ihn wie eine Glucke umsorgte, durfte von der Beziehung nichts wissen. Louise mußte ihre Briefe an Maxime du Camp adressieren. »Madame Bovary, c'est moi!«, ist Flauberts meistzitierter Satz, und richtig: So wie Emma Bovary vorgibt, in Rouen Klavierstunden zu nehmen, wenn sie sich mit ihrem Liebhaber Léon vergnügte, so erfand auch Flaubert stets einen Vorwand, um sich mit Louise zum Tête-à-tête treffen zu können.

Man kann sich vorstellen, wie irritiert Flaubert war, als

Louise ihm mitteilte, sie wolle sich mit ihrer Tochter in der Nähe von Croisset niederlassen. Obwohl er sich sofort von ihr distanzierte, hielt die Beziehung, unterbrochen durch eine Trennung und Flauberts Orientreise, noch ein paar Jahre, um mit einem Paukenschlag zu enden: Louise Colet kam unangekündigt nach Croisset, um ihren Geliebten zu besuchen und die Bekanntschaft seiner Mutter zu machen. Flaubert empfing sie barsch auf der Treppe und wies sie hinaus in den nächtlichen Regen. Weitere Kontaktversuche in Paris lehnte er fortan mit schneidender Höflichkeit ab: »Madame, ich hörte, daß Sie sich die Mühe gemacht haben, mich gestern abend dreimal aufzusuchen. Ich war nicht zu Hause, und besorgt über die Beleidigungen, die eine solche Beharrlichkeit Ihrerseits Ihnen von meiner Seite eintragen könnte, verpflichtet mich die Höflichkeit, Sie darauf aufmerksam zu machen, daß ich für Sie nie zu Hause sein werde.«

Zu den wenigen Schriftstellerkollegen, zu denen Flaubert enge Kontakte pflegte, gehörten der russische Dichter Iwan Turgenjew und die siebzehn Jahre ältere Schriftstellerin George Sand. Letztere betitelte er oft als »Meisterin«. Als sich George Sand 1866 zweimal zu einem Besuch nach Croisset aufmachte, war Flaubert hocherfreut. Er holte sie jedes Mal in Rouen am Bahnhof ab, zeigte ihr die verwinkelten Gassen der Stadt und sein Haus. Die Nächte verbrachten sie bis in die Morgenstunden rauchend und über Literatur diskutierend. »Dann plaudern wir noch. Um halb drei habe ich Hunger. Wir gehen hinunter und holen uns kaltes Huhn in der Küche. Wir setzen einen Fuß vor die Tür, um uns Wasser im Hof zu pumpen. Es ist mild wie im Frühling. Wir essen, gehen wieder hinauf, rauchen und plaudern weiter. Wir trennen uns erst um vier Uhr früh«, vermerkte George Sand in ihrem Tagebuch.

Seit der Heirat seiner Nichte lebte Flaubert allein mit seiner Mutter in Croisset. Gustave konnte – und wollte – sich nicht aus der besitzergreifenden mütterlichen Obhut lösen. Mit dem Tod der Mutter (1872) hatte er seinen Lebensmittelpunkt verloren und zog sich immer mehr zurück. »Croisset verließ er höchstens für zwei oder drei Monate, die er in Paris verbrachte; dort jammerte er über die Besuche, die er machen und empfangen mußte«, wußte sein Freund Maxime du Camp zu berichten, dem er während seines Parisaufenthaltes gewöhnlich jeden Montag von seinen Sorgen berichtete. »Eilends kehrte er aufs Land zurück und suchte dort Ruhe; er fand den Überdruß und die Träumereien, die wieder über ihn kamen.«

Die immer bedrückender werdende Einsamkeit schien Flaubert zu ersticken; er vergrub sich »in seinem großen fünffenstrigen Arbeitszimmer«, das erfüllt war von Räucherstäbchen- und Tabakduft. Flaubert schrieb sehr langsam, in der Regel dauerte es mehrere Jahre, bis er ein Buch vollendete. In ihren berühmten *Tagebüchern* notierten die Brüder Goncourt über Flaubert: »Arbeitet zehn Stunden pro Tag, ist aber auch ein großer Zeitvergeuder, vergißt sich bei der Lektüre und ist immer bereit, die Arbeit an seinem Werk zu schwänzen. Warm wird er immer erst gegen fünf Uhr abends, wenn er sich mittags an die Arbeit gemacht hat; kann auf noch weißem Papier nicht schreiben, braucht, um es vollzuschreiben, wie ein Maler, der seine Tönungen aufträgt, darauf hingekritzelte Ideen.«

Roland Barthes befand gar in einem Essay, daß Flauberts Isolierung ein symbolisches Zentrum habe, »ein Möbelstück, das nicht der Arbeitstisch ist, sondern das Ruhelager: wenn bei seinen Anstrengungen der Tiefpunkt erreicht ist, wirft er sich auf ein Sofa«. Genau genommen, handelte es sich um kein Sofa, sondern um einen mit türkischem Stoff überzogenen und mit Kissen beladenen Schlafdiwan.

Glaubt man hingegen dem mit ihm befreundeten Guy de Maupassant, so arbeitete Flaubert emsig, besonders an *Bouvard und Pécuchet*; er »stöhnte Tag und Nacht über seinem Werk. Ohne sich Ruhe zu gönnen, ohne Erholung, ohne Vergnügen und Zerstreuung und unter äußerster Anspannung kam er zum Verzweifeln langsam vorwärts, entdeckte täglich ein neues Buch, das er lesen, neue Fragen, denen er nachgehen mußte. Und auch der Satzbau quälte ihn: dieser so bestimmte, knappe und zugleich farbige Satzbau, der in zwei Zeilen einen ganzen Band, in einem einzigen Absatz alle Gedanken eines Gelehrten aufnehmen sollte.« Nur an manchen Tagen genehmigte sich Flaubert ein abendliches Bad in der Seine. Maupassant zufolge, liebte es Flaubert, »Freunde zu empfangen und mit ihnen zu speisen. Wenn man ihn in Croisset besuchte, empfand er dies als Glück, und er bereitete sich von langer Hand auf den Empfang vor, mit herzlichem und sichtbarem Vergnügen.«

Maupassant – Normanne wie Flaubert – hat auch eine genaue Beschreibung vom Arbeitszimmer seines Gönners hinterlassen: »Drei Fenster seines Zimmers gingen auf den Garten und zwei auf den Fluß. Es war sehr groß, sein einziger Schmuck waren Bücher, ein paar Porträts von Freunden und Reiseerinnerungen: die Leiber junger, ausgestopfter Alligatoren, der Fuß einer Mumie, den ein einfältiger Diener wie einen Stiefel eingewichst hatte und der schwarz geblieben war, orientalische Bernsteinketten, ein vergoldeter Buddha, der über dem großen Arbeitstisch thronte und in seiner göttlichen, uralten Unbewegtheit mit seinen schmalen Augen eine wundervolle Büste von Pradier ansah, die Gustaves als sehr junge Frau verstorbene Schwester Caroline Flaubert darstellte, und auf dem Boden ein riesiger, ganz mit Kissen bedeckter türkischer Diwan auf der einen und ein prächtiges Bärenfell auf der anderen Seite.«

Die Dienstwohnung von Flauberts Vater im Krankenhaus von Rouen

Flauberts Arbeitszimmer lag im ersten Stock und nahm die gesamte nordwestliche Ecke des Hauses ein. Von den Brüdern Goncourt wurde überliefert, daß die Bücherregale aus Eichenholz mit gewundenen Säulen waren, im Zimmer eine Hippokratesbüste aus Bronze stand und an der Wand ein Stich von Jacques Callot hing: die Versuchung des heiligen Antonius. In der Mitte des Raumes befand sich ein großer, runder, mit grünem Tuch bedeckter Arbeitstisch, auf dem ein Tintenfaß in Form einer Kröte mit weit aufgerissenem Maul stand. Die Einrichtung spiegelte auch Flauberts Liebe zum Morgenland wider. »Lustige, altmodische und ein wenig orientalisch wirkende Vorhänge mit großen roten Blumen hängen an den Türen und Fenstern. Und hier und da, auf dem Kamin, auf den Tischen, in den Fächern der Bücherregale, an Armen baumelnd oder an der Wand hängend orientalischer Plunder: Amulette mit grüner Patina aus Ägypten, Pfeile, Waffen, Musikinstrumente, Holzbänke, auf denen die Stämme Afrikas zu schlafen, ihr Fleisch zu schneiden und zu sitzen pflegen, Kupferplatten, Glasperlenhalsbänder und zwei Mumienfüße, die er den Grotten von Samoûn entrissen hat und die mitten zwischen die Broschüren ihre florentinische Bronze und das erstarrte Leben ihrer Muskeln bringen. Dieses Interieur ist ganz der Mann, sein Geschmack und sein Talent: seine eigentliche Leidenschaft gilt dem plump Orientalischen, seiner Künstlernatur liegt ein Barbar zu Grunde.«

Obwohl sein Vater aus der Champagne stammte, verkörperte der blonde, groß gewachsene Gustave das Urbild eines Normannen mit »ein wenig Cidre in den Adern«. Selbst auf Reisen durch seinen geliebten Orient sehnte sich Flaubert nach der Normandie zurück. Flaubert verbrachte nicht nur die größte Zeit seines Lebens in der Normandie, auch viele seiner Bücher spielen dort. Angefangen von *Ma-*

dame Bovary, seinem ersten großen Erfolg, über *Ein einfaches Herz* bis hin zum unvollendeten *Bouvard und Pécuchet*.

»Die alte Normannenstadt breitete sich vor ihren Augen wie eine unendlich große Kapitale aus, wie ein Babylon, in das sie einzog«, schilderte Flaubert die Eindrücke seiner Emma Bovary. Für die aus der Provinz stammende Arztfrau stellte die stolze Handelsstadt Rouen noch das Fenster zur Welt dar. Als Emma mit der Postkutsche zu einem Rendezvous unterwegs war, betrachtete sie fasziniert das Häusergewirr. »Dahinter stieg das offene Land gleichförmig an, bis es in der Ferne an den Saum des bleichen Himmels stieß. So von oben gesehen, wirkte die ganze Landschaft unbeweglich wie ein Gemälde; die ankernden Schiffe drängten sich in einem Winkel zusammen; der Fluß wand sich im Bogen um die grünen Hügel, und die länglichen Inseln glichen auf dem Wasser liegenden großen schwarzen Fischen. Die Fabrikschlote stießen riesige braune Rauchfahnen aus, die nach oben zerflatterten. Man hörte das Dröhnen der Gießereien und das helle Geläut der sich aus dem Dunst hebenden Kirchen. Die kahlen Bäume der Boulevards bildeten ein violettes Dickicht zwischen den Häusern, und die regennassen Dächer glänzten je nach Höhe der Stadtviertel verschieden. ... Für Emma ging etwas Schwindelerregendes von dieser Ansammlung menschlichen Daseins aus, und ihr schwoll die Brust, als ob die einhundertzwanzigtausend Herzen, die dort zuckten, ihr alle zugleich den Dampf der Leidenschaften zugesandt hätten, die sie ihnen zuschrieb. Ihre Liebe wuchs angesichts dieses weiten Raumes, und der heraufsteigende verworrene Lärm erfüllte sie mit Toben.«

Heute macht Rouen trotz seiner Größe einen eher behäbigen Eindruck. Der Vergleich mit Babylon erscheint angesichts der beschaulichen, von Fachwerkhäusern gesäumten

Straßen unpassend. Gustave Flaubert würde sich trotz der Bombenschäden des Zweiten Weltkriegs noch immer leicht zurechtfinden – auch wenn das aus einem Peststadel hervorgegangene städtische Krankenhaus inzwischen nicht mehr am Rande der Stadt liegt. Das Hospital ist ein stattliches Gebäude, das im 18. Jahrhundert, am Ende der Regierungszeit Ludwigs XV., errichtet wurde und wie so viele Krankenhäuser aus jener Zeit einem Schloß mit Nebengebäuden ähnelt. Typisch für die Normandie sind seine mit Schiefer gedeckten Dächer.

In der ehemaligen Flaubertschen Dienstwohnung wird seit 1923 das Andenken an den großen Dichter bewahrt. Den Umstand, daß Flauberts Vater Chirurg war, nahm man zum Anlaß, eine etwas bizarr anmutende Ausstellung zur Medizingeschichte ergänzend hinzuzufügen. Erinnerungen an die Familie Flaubert wurden im schön möblierten *Chambre du Chirurgien* zusammengestellt, darunter Porträts und Büsten seiner Eltern sowie seiner Geschwister Achille und Caroline. In der Alkovenecke des elterlichen Schlafzimmers soll Gustave das Licht der Welt erblickt haben. Original erhalten ist noch die Wandvertäfelung. Mit einem ausgestopften Papagei wird Flauberts gefiedertem Amazonasliebling gedacht, der als Loulou seine Erzählung *Ein einfaches Herz* belebte. »Sein Rumpf war grün, seine Flügelspitzen rosa, seine Stirn blau und seine Kehle goldgelb.« Als Flaubert sich in seinen letzten Lebensjahren immer mehr in Croisset vergrub, leistete ihm einer dieser buntgefiederten Vögel Gesellschaft, wie er seiner Nichte schriftlich mitteilte: »Dieser Tage sitzt ein Amazonaspapagei vor mir auf dem Schreibtisch, der den Schnabel etwas zur Seite wendet und mich mit seinen Glasaugen anschaut.«

Madame Bovary ist jedoch kein Rouenroman, sondern »Ein Sittenbild aus der Provinz« wie der Untertitel mit Nachdruck verkündet. Gustave Flauberts berühmtestes Werk spielt in »Yonville-L'Abbaye«, einem normannischen Dorf, hinter dem unschwer der Marktflecken Ry zu erkennen ist. »Man ist hier an den Grenzen zur Normandie, zur Picardie und zur Ile-de-France, in einer Mischlingsgegend, deren Sprache und Landschaft ohne eigenen Charakter sind.« Emma Bovary, die junge Gattin eines biederen Landarztes, hadert mit ihrem langweiligen Provinzschicksal und träumt von einem Leben in der Metropole Rouen. Unglückliche Liebschaften, Schulden und die immer stärker als unbefriedigend empfundene Ehe treiben sie schließlich in den selbstgewählten Tod. So wie sein Chirurgenvater seine Patienten mit dem Skalpell sezierte, so enthüllte Flaubert Emmas Gefühlsleben, Schicht für Schicht, bis alle ihre Sehnsüchte und unerfüllten Triebe offen vor dem Leser lagen.

Ry scheint sich seit den Tagen Flauberts kaum verändert zu haben. »Die Straße (die einzige) reicht einen Flintenschuß weit, ist von ein paar Läden gesäumt und endet abrupt an der Biegung zur Landstraße.« Die Orientierung fällt leicht: Keine Neubauten verschandeln das Ortsbild, und hinter den Gemüsegärten öffnen sich noch immer die Tore zu den sich die Hänge hinaufziehenden Feldern. Die einstige Apotheke von Monsieur Homais ist zwar zu einem Geschäft für Nähbedarf, Puppen und Spielzeug mutiert, doch im einstigen Haus des Notars, wo Emmas Geliebter Léon Dupuis als Kanzlist arbeitete, werden noch immer Grundstückskäufe und Testamente beurkundet.

Nicht zu übersehen ist ein stattlicher Gasthof in einem Fachwerkeckhaus, der als Vorbild für Flauberts *Lion d'Or* gedient haben könnte. Neben der Post wurde ein Flaubert-Denkmal aufgestellt und in der *Galerie Bovary* ein Museum mit Romanszenen und Dokumenten eingerichtet. Erstaunlicherweise drehte Claude Chabrol, als er Flauberts Roman mit Isabelle Huppert in der Rolle der Emma Bovary verfilmte, nicht in Ry, sondern im nahen Lyons-la-Forêt, das er offenbar für kameratauglicher hielt.

Abgesehen von Rouen und Ry pilgern wahre Flaubert-Verehrer aber vor allem nach Croisset, wo der Schriftsteller am 8. Mai 1880 überraschend an einem Gehirnschlag starb. »Ich glaube, ich bekomme so eine Art Ohnmachtsanfall. Ein Glück, passiert mir das heute. Morgen im Zug wäre das wirklich sehr lästig gewesen«, mutmaßte er, bevor er für immer das Bewußtsein verlor. Alle, die ihn kannten, waren zutiefst bestürzt. Betroffen erinnerte sich Zola – er hatte Ostern noch zusammen mit Flaubert sowie Daudet, Maupassant und Edmond de Goncourt verbracht – auf der Beerdigung: »Noch sehe ich ihn vor mir, wie er in Croisset aus seinem Hause tritt und uns mit herzhaft schallenden Küssen auf beiden Wangen empfängt.«

Seine zur Erbin eingesetzte Nichte Caroline veräußerte das Anwesen schon kurz nach Flauberts Tod, da sich ihr Mann, der Holzhändler Ernest Commanville, in erheblichen finanziellen Schwierigkeiten befand. Das Wohnhaus wurde wenig später abgerissen, um Platz für den Bau einer Fabrik zu schaffen. Auch der Garten verschwand: Die Bäume wurden größtenteils abgeholzt, eine – längst wieder verschwundene – Schnapsbrennerei und Lagerhäuser errichtet. Von der dörflichen Atmosphäre ist nichts mehr auszumachen, Lagerhallen und Dockanlagen dominieren die Szenerie. Eine breite Straße erstreckt sich direkt neben dem Ufer der Seine. Nur der Pavillon, in den sich Flaubert so gerne zurückzog, um das Treiben auf dem Fluß zu verfolgen, ist erhalten geblieben. Das einfache, mit Schiefern gedeckte Steinhaus mit seinen sechs großen Fenstern wurde von Literaturfreunden gekauft, um das Andenken an Flaubert museal zu bewahren.

Ein einziger Raum, nur von einem Baldachin behütet – doch strahlt er immer noch eine faszinierende Aura aus. In den Schaukästen sind ein paar Erinnerungsstücke, darunter eine punische Stele, die Flaubert aus Karthago mitgebracht hatte, sowie sein Kröten-Tintenfaß und eine Buddha-Statue, wie Devotionalien aufgebahrt. Ein Gemälde zeigt, wie schön Croissets idyllische Flußlandschaft zu Zeiten Flauberts gewesen sein muß. Zwischen all den Bildern und Photographien steht noch ein zweiter hellgrüner Papagei, der dem aus dem Krankenhaus zum Verwechseln ähnlich sieht und dessen Doppelexistenz Julian Barnes zu einem ganzen Buch inspiriert hat. Das Wasserglas, aus dem Flaubert den letzten Schluck seines Lebens genommen haben soll, fehlt ebensowenig. Der Reliquienkult gipfelt in einer goldblonden Haarlocke, die Flauberts normannische Abstammung ein letztes Mal schwungvoll in Erinnerung ruft.

Anreise: Rouen ist die Hauptstadt der Normandie und gut mit dem Auto oder der Eisenbahn zu erreichen. Das Krankenhaus mit dem Musée Flaubert et d'Histoire de la Médecine befindet sich in der Rue Lecat (Hausnummer 51) am westlichen Rand der Altstadt. Der Pavillon Flaubert in Canteleu (18, quai G. Flaubert) liegt etwa acht Kilometer nordwestlich des Zentrums an der Seine. Ry (zwanzig Kilometer östlich von Rouen) ist über die N 31 in Richtung Beauvais gut zu erreichen. Nochmals zehn Kilometer südöstlich von Ry stößt man auf das verschlafene Lyons-la-Forêt.
Öffnungszeiten: Das Musée Flaubert et d'Histoire de la Médecine in der Rue Lecat (Hausnummer 51) ist Di-Sa 10-12 Uhr und 14-18 Uhr, der Pavillon Flaubert ist Sa und So von 14-18 Uhr geöffnet, in den Schulferien auch Mi, Do und Fr 14-18 Uhr.

Das Landhaus von Pierre Corneille in der Normandie

Normannische Fachwerkidylle

Pierre Corneille in Petit-Couronne

»Es liegt am linken Ufer der Seine, in einem trostlosen Dorf, ein kleiner ländlicher Wohnsitz aus Ziegelsteinen, die Balken sind bedeckt mit einer Art Holzschindeln. Die Wohnräume sind sehr niedrig, der Ort ist trist und ein wenig vernachlässigt. Ein alter schlammiger Teich, in den ein Stein ragt, der als Bank dient, und an dem sich das Auge gerne ausruht und der Geist des alten Dichters präsent ist«, so beschrieb Guy de Maupassant seiner Mutter das Haus von Pierre Corneille, das er im Oktober 1878 besichtigt hatte.

Wie damals für Maupassant, so gehört die Kenntnis von Corneilles Dramen noch heute für jeden französischen Schüler zum klassischen Bildungskanon. Zu Recht wird Corneille mit Racine und Molière in einem Atemzug genannt. Und wie bereits zu Maupassants Zeiten, so dient das einstige Landhaus von Pierre Corneille noch heute als Museum und Erinnerungsstätte. Abgeschirmt von einer hohen Mauer strahlen das Haus und der Garten eine geradezu paradiesische Ruhe aus; das streng gegliederte Fachwerk ist typisch für die Normandie, der Gemüsegarten entspricht in seiner Anlage den Vorbildern aus dem 17. Jahrhundert. Nur die Anfahrt von Rouen aus ist heute sicher ernüchternder als zu Maupassants Zeiten. Minutenlang sind die Straßen von den Hallen und Fabriken eines Industriegebietes gesäumt, doch dann wird man im Herzen von Petit-Couronne angenehm von Corneilles Dichterklause überrascht.

Das in einer weiten Schleife der Seine gelegene Anwesen wurde 1608 von Pierre Corneilles Vater erworben, als die Pest in Rouen wütete und er seine Familie in Sicherheit wissen wollte. Trotz seiner bescheidenen Größe war das Haus in Petit-Couronne kein Bauernhof, sondern ein bourgeoiser Landsitz, wie er im Zeitalter Henri IV beim vornehmen Bürgertum beliebt war. Zu dem Anwesen gehörten einst 25 Hektar Wiesen und Felder, die sich bis hinunter zur Seine erstreckten. Die Kinder der Corneilles – Pierre hatte zwei Brüder und vier Schwestern – hatten hier viel Platz, um ungezwungen herumzutollen.

Pierre Corneille (1606 – 1684) stammte aus einer angesehenen Juristen- und Beamtenfamilie, die in der normannischen Metropole Rouen unweit der Place du Vieux Marché ein schmuckes Bürgerhaus bewohnte. In der Rue de la Pie steht noch immer das Haus, in dem Pierre am 6. Juni 1606 als erstes von sieben Kindern geboren wurde. In Rouen, der Stadt der hundert Glockentürme, besuchte er das Jesuitenkolleg und studierte auf Wunsch seines Vaters die Rechte. Bereits mit achtzehn Jahren war er Advokat am Parlament in Rouen, doch füllte ihn die Juristerei nicht aus, so daß er in seiner Freizeit begann, die ersten Verse zu schmieden. Auch nachdem ihm sein Vater das Amt eines königlichen Wasser- und Fortverwalters gekauft und ihn somit finanziell abgesichert hatte, blieb Pierre noch genug Zeit und Muße zum Dichten.

Im Jahre 1629 kam mit *Mélite* die erste seiner Komödien zur Aufführung. Ein Achtungserfolg für einen »Provinzler«. Typisch für das absolutistische Frankreich ist, daß es mit Pierre Corneille ein Mitglied der »noblesse de robe« war, das zum erfolgreichsten Theaterautor aufstieg. Unter dem Einfluß von Richelieu erlangte das französische Theater eine kulturelle Vorrangstellung, und Corneille bediente das adelige Publikum mit Komödien, die in der Welt der Edelleute und deren Bediensteten spielten. Mit Corneille hielten die gesellschaftliche Wirklichkeit und die Wunschträume der Oberschicht Einzug auf der Bühne. Auch die Handlung seines berühmtesten Werkes *El Cid* verlegte Corneille in die heroische Epoche des Schwertadels und präsentierte mit Rodrigue Diaz einen Helden, der den König zur Anerkennung zwingt und die Liebe dem Willen unterordnet. Die literarische Vorlage für seine Tragikomödie fand er übrigens im Haus einer befreundeten spanischen Familie – in deren Bibliothek entdeckte er Guillén de Castros *Las Mocedades del Cid*. Dies war nicht ungewöhnlich: In Rouen hatten sich mehrere spanische Handelsniederlassungen angesiedelt, in der Nähe des Hafens gab es eine Rue d'Espagne; selbst Bücher in spanischer Sprache wurden in der Normandie gedruckt.

Corneille vereinfachte die Handlung des *Cid* und paßte sie dem französischen Theaterstil an, indem er sie auf die klassischen vierundzwanzig Stunden konzentrierte. Durch die Tragikomödie *El Cid*, die erstmals im Januar 1637 aufgeführt wurde, stieg Corneille in den Kreis der bedeutendsten französischen Bühnenautoren auf. Im Jahre 1647 erfuhr der königstreue Dichter durch seine Aufnahme in die Académie Française eine besondere gesellschaftliche Anerkennung.

Zu Petit-Couronne hatte Pierre Corneille zeitlebens ein enges Verhältnis. Oft hielt er sich im elterlichen Landhaus auf, wo er seinen Gedanken freien Lauf lassen konnte. Nachdem er als ältester Sohn das Anwesen 1639 geerbt und ein Jahr darauf Marie de Lampierière geheiratet hatte, verbrachte er hier die Sommermonate zusammen mit seinem ebenfalls Theaterstücke schreibenden Bruder Thomas (1625 – 1709). Wenn sich die beiden hier mit ihren Familien einrichteten – ihre Ehefrauen waren Schwestern –, dürfte in den wenigen Zimmern eine ziemliche Enge geherrscht haben, denn Pierre hatte sieben und Thomas drei Kinder! Zum Dichten zogen sich die Brüder zumeist in einen Raum neben dem Torbau zurück.

Die Aufteilung der Zimmer sowie der Aufbau des Hau-

Pierre Corneille

ses sind unverändert geblieben, sieht man einmal davon ab, daß das Fachwerk später mit Schindeln aus Kastanienholz verziert wurde. Auffallend sind das vorkragende Obergeschoß, der verzierte Dacherker sowie der nach außen verlagerte Treppenturm. An der Rückseite des Landsitzes sind die Hochwasserpegel der Seine markiert, die einmal sogar über die Schwelle reichten.

Es gibt keine Aufzeichnungen über die ursprüngliche Einrichtung oder Nutzung der Zimmer. Das aus dem 16. und 17. Jahrhundert stammende Mobiliar ist mit Ausnahme einer Holztruhe, die das Haus nie verlassen hat, nicht original, doch vermittelt es einen authentischen Eindruck von den damaligen Wohnverhältnissen. Allerdings dürfte im ersten Stock kein Platz für ein Arbeitszimmer gewesen sein. Der Arbeitstisch mit den kunstvoll gedrechselten Beinen unterstreicht den musealen Charakter des Hauses. Ausgestellt sind Skulpturen, Gemälde und Medaillen sowie kostbare Erstausgaben, darunter ein von Corneille handschriftlich korrigiertes Exemplar von *L'Imitation de Jésus-Christ* aus dem Jahre 1658.

Dessen ungeachtet gewährt das Anwesen interessante Einblicke in den Aufbau eines normannischen Hauses aus der Zeit Ludwigs XIV.: Im Erdgeschoß der Wohnsalon und die Küche, darüber das Arbeitszimmer sowie das Schlafzimmer mit einem wuchtigen Bett aus Eichenholz. Mit letzterem hatte es eine besondere Bewandtnis. Zeitgenossen haben berichtet, daß Pierre Corneille sich beim Schreiben einem besonderen Ritus unterwarf: Bevor er einen Text verfaßte, legte er sich ins Bett, hüllte sich in mehrere Decken ein und wartete, bis er zu schwitzen anfing; erst wenn sich sein Körper auf eine fieberähnliche Temperatur erhitzt hatte, brachte er seine Ideen zu Papier.

Fast ebenso schön wie das Haus ist der historische Nutzgarten mit seinen kunstvoll arrangierten Beeten, der zum längeren Verweilen einlädt. Am Rande des Gartens steht ein kleines, ebenfalls mit Fachwerk verziertes Backhaus mit Strohdach, in dem noch heute zu besonderen Anlässen Brot gebacken wird. Dann ist es fast so wie zu Zeiten Corneilles. Nur der Teich mit der Steinbank, von der Maupassant schwärmte, ist verschwunden.

Anreise: Petit-Couronne liegt zehn Kilometer südlich von Rouen. Wer von Paris kommt, nimmt auf der A 13 die Ausfahrt Les-Essarts-Grand-Couronne. Dann weiter Richtung Süden, nach Grand Quevilly/Petit-Couronne. Das Musée Pierre Corneille in Rouen, 4, rue de la Pie, ist gut ausgeschildert, sobald man Petit-Couronne erreicht. Adresse: 502, rue Pierre-Corneille.
Öffnungszeiten: Die Maison Pierre Corneille in Petit-Couronne tgl. außer Di von 10-12.30 Uhr und 14-18 Uhr, im Winter nur bis 17 Uhr, So nur 14-18.30 Uhr. Das Musée Pierre Corneille in Rouen Mi, Do, Sa und So von 14-18 Uhr. Während der Schulferien auch Fr von 14-18 Uhr.

Die Zufluchtsstätte eines Vagabunden

Jean Cocteau in Milly-la-Forêt

»Mich plagt wie alle Vagabunden der Trieb nach dem eigenem Dach überm Kopf. Ich suche eines auf dem Lande«, schrieb Jean Cocteau 1946 in seinem Essay *Vom unerfüllten Sein*. Wenige Monate später fand die Suche ein Ende. In Milly-la-Forêt, einem großen Dorf im Südwesten von Paris, hatte Cocteaus Sekretär Paul Morihen ein Landhaus mit großem Garten ausfindig gemacht, das Cocteau zusammen mit seinem Freund, dem Schauspieler Jean Marais, erwarb und nach seinen Wünschen umbauen ließ. »Ich versuche, die Summen zusammenzubringen und frage mich, wie wir danach leben werden. Aber das ist unwichtig. Es ist besser, Milly und Schwierigkeiten zu haben als Schwierigkeiten im Palais-Royal. Also, es lebe Milly!«

Der Wunsch nach Veränderung war stärker als die materiellen Hindernisse. Jean Marais erinnerte sich daran, daß sich Cocteau auf Anhieb in das aus dem 17. Jahrhundert stammende Haus am Ende einer gepflasterten Sackgasse verliebte: »Der überdachte Eingang, die bescheidenen Türmchen, die Wassergräben, der Pfarrgarten, überhaupt der ganze Pfarrhausstil faszinierte uns. Dann lag es noch in nächster Nähe des Waldes von Fontainebleau.« Dank der finanziellen Unterstützung von Freunden ging der Kauf relativ schnell über die Bühne. »La Maison du Bailli« (»Das Haus des Landvogts«), wie es die Dorfbewohner nannten, hatte einen neuen Besitzer gefunden, und das »Universalgenie« Jean Cocteau, seines Zeichens Dichter, Maler, Dramatiker und Filmregisseur in einer Person, hatte eine Zufluchtsstätte erworben. Seinen Freunden schwärmte er von dem neuen Haus vor und erzählte ihnen von seinem Wunsch, in dessen Graben begraben zu werden, »mögen die Hunde

Jean Cocteau am Schreibtisch in Milly-la-Forêt

kommen und über mir das Bein heben, wenn es ihnen gefällt!«

In Paris hatte Cocteau nicht mehr arbeiten können, da er sich durch die vielen Besucher und Anrufer gestört fühlte: »Fern den Klingeln und Schellen des Palais Royal ist es meine Zuflucht. Es führt mir die prachtvolle absurde Hartnäckigkeit des pflanzlichen Daseins beispielhaft vor Augen. Dort bringe ich Ordnung in meine Erinnerungen an frühere Landaufenthalte, als ich so von Paris träumte, wie ich später in Paris darauf sann, die Flucht zu ergreifen. Die Flut der Wassergräben und die Sonne bemalen meine Zimmerwände mit ihrer gleitenden, gleisnerischen Marmorierung. Und überall jubelt der Frühling.« Gesundheitlich angeschlagen, hatte Cocteau schon vor seinem Umzug alle Verbindungen zur Außenwelt abgebrochen.

Das literarische Ergebnis dieser Sinnsuche war die Essaysammlung *Die Schwierigkeit, zu sein.* Cocteau stellte darin Reflektionen an über das eigene künstlerische Selbstverständnis und das »unerfüllte Sein«: »Es handelt sich nunmehr darum, in diesem Haus, wo ich den Schlaf wiederzufinden trachte, mein Dasein abzuzirkeln. Ich habe jeden Briefwechsel mit Paris eingestellt. Dort öffnet man die eingehenden Briefe und schickt mir nur die allerwichtigsten zu. Ich stehe mit niemand in Verbindung. ... Ich gehe der einst vielgeliebten Sonne aus dem Weg. Im Schatten folge ich ihrer Bahn. Die übrige Zeit schließe ich mich ein. Ich lese und schreibe. Die Einsamkeit nötigt mich, Robinson und seine Insel zu sein und mich selbst zu durchforschen. Ich verwende darauf nicht Einsicht, die mir abgeht, wohl aber Beherztheit, die mir zu eigen ist und die mir die mangelnde Klugheit ersetzt.«

In der Abgeschiedenheit von Milly-la-Forêt lebte Cocteau schnell wieder auf. Mehr noch: Die neue Umgebung spornte ihn zu neuen künstlerischen Aktivitäten an. Das

Haus wurde eingerichtet und aufgeteilt, wie sein Lebensgefährte Jean Marais in seiner Autobiographie berichtete: »Jeder bekam sein eigenes Reich: Jean den ersten Stock, ich den zweiten; das Erdgeschoß stand allen gemeinsam zur Verfügung. Jean konnte dort schreiben und zeichnen, ich malen und Rollen studieren, Moulouk [Marais' Hund] spazierengehen.«

Cocteau und Marais – es war eine einzigartige Beziehung zwischen dem Künstlerregisseur und seinem Lieblingsschauspieler. Cocteau hatte Jean Marais 1937 kennengelernt, als der damals 24jährige für eine Rolle in Cocteaus *König Ödipus* vorsprach. »Welche Rolle würdest Du gerne spielen?« soll Jean Cocteau den wunderschönen Mann gefragt haben, von dem er ebenso fasziniert war wie jener von ihm, und Marais antwortete: »Einen modernen jungen Mann mit extremen Gefühlen, der lacht, weint, schreit, sich auf der Erde wälzt ...«

Der damals fast doppelt so alte Cocteau war für Marais Mentor und Liebhaber zugleich. Mehrere Rollen schrieb er ihm auf den Leib. Warum sollten sie nicht ihre Beziehung durch einen gemeinsamen Hauskauf festigen? Lange lebten sie allerdings nicht zusammen in Milly-la-Forêt. Jean Marais mußte meist in Paris bleiben, da er Abend für Abend auf den Bühnen der Hauptstadt stand. Bald verlor ihre Beziehung an Intensität, und Marais zog es vor, auf einem Hausboot auf der Seine zu wohnen; Cocteau entschied sich, weiterhin in Milly zu bleiben. »Ich brauche einen Winkel, wo ich meinen letzten Akt aufführen kann. Ich hätte nicht mehr die Kraft, einen neuen zu finden. Ich bin also entschlossen, mit Dir über die Rücknahme Milly zu verhandeln. Ich bitte Dich um einen kleinen Spielraum, um die Summe zusammenzubekommen und vielleicht darum, daß ich sie Dir in zwei Raten zahle.« Marais und Cocteau einigten sich gütlich und blieben einander eng verbunden. »Da bin ich nun in diesem großen Haus, das ganz von Dir erfüllt ist, und denke an Deinen Anruf, bei dem Du mir in Deiner üblichen Herzlichkeit sagtest, was mich noch glücklicher machen konnte«, schrieb Cocteau seinem »guten Engel« noch Jahre später.

Cocteau mochte das beschauliche Flair von Milly-la-Forêt, den Dorfplatz mit der alten hölzernen Markthalle aus dem 15. Jahrhundert, die Nähe zum Wald von Fontainebleau. Auch die Einheimischen begegneten ihm mit Respekt und Wohlwollen. Jedes Kind im Ort kannte das Haus, ein von außen unscheinbares Anwesen mit siebzehn Zimmern. Im März 1953 wurde Cocteau sogar zum Ehrenbürger von Milly-la-Forêt ernannt. Es gibt eine Photographie von den Feierlichkeiten, auf der er – flankiert von dem Bürgermeister und dem Ortsgeistlichen – etwas geniert einen Blumenstrauß entgegennimmt, der ihm von einem kleinen Mädchen gereicht wird.

Zu den ersten Besuchern, die Cocteau in seinem Haus empfing, gehörte der Schriftsteller Julien Green, der 1947 in seinem Tagebuch notierte: »Am Ende des verschlafenen Dorfes steht das zauberhafte Haus aus rosa Backstein mit seinem Garten, seinen Obstbäumen, seinen Wassergräben und seiner langen Allee, die zum Wald von Fontainebleau führt. Ein paar Minuten ging ich allein mit Jean spazieren. Es mochte vier Uhr sein. Die Blätter zu unseren Füßen glänzten unter den Tropfen eines kurz zuvor niedergegangenen Regens, und plötzlich hatte ich den Eindruck, im 15. Jahrhundert in einem Miniaturgarten mit einem Dichter jener Zeit spazierenzugehen. ... Dahinschlendernd betrachtete ich die Büsche, die verwachsenen kleinen Bäume, die Salatpflanzen und, über eine Mauer hinweg, den Turm einer romanischen Kirche. Wie schön wird das alles in der Erinnerung sein.«

Der amerikanische Kunstkritiker James Lord, der mit

Die Chapelle Saint-Blaise-des-Simples, die Cocteau mit Fresken ausgemalt hat

Cocteau gut befreundet war, war in den fünfziger Jahren wiederholt in »des Dichters Klause« zu Gast: »Das Haus in Milly-la-Forêt war bei weitem geräumiger und eleganter als die Pariser Wohnung. Für sich allein am Ende einer Sackgasse gelegen und von umliegenden Gebäuden durch einen über das Grundstück fließenden Bach getrennt, war das Anwesen völlig privat. Das Haus selbst war zweistökkig mit einem darüberliegenden Dachgeschoß, es war großräumig, ohne pompös zu wirken, und zum Großteil von Efeu überwuchert. Seinen eigenen Wohnsitz hatte Jean beinahe in ein totales – fast möchte man sagen: totalitäres – Museum seiner graphischen Poesie verwandelt.«

James Lord hat Cocteaus Haus ausführlich und kenntnisreich beschrieben: »Die Innenausstattung wurde erst einige Jahre später fertiggestellt und enthielt zahlreiche seltene und kostbare Stücke. Den Mittelpunkt bildete der große Salon im Erdgeschoß. Entlang der Wände reihten sich viktorianische Sofas und neogotische Schränke, die sich gegen zwei vergoldete hölzerne, angeblich aus Versailles stammende Obstbäume und einen ungewöhnlich großen, in Bronze eingelassenen Narwal-Stoßzahn abhoben. Die Sessel waren Chinoiserie oder aus Büffelhorn gefertigt. Bronzeabgüsse von Cocteaus Händen lagen auf einem Tisch. Den Boden bedeckte ein aufwendiger Savonnerie-Teppich. Auf der grün-weißen Jugendstiltapete hingen das Degas-Pastell einer Tänzerin sowie ein großes Gemälde von Bérard, das die Begegnung von Oedipus mit der Sphinx darstellte. In einem silbernen Rahmen befand sich das berühmte Photo von Strawinsky und Nijinsky. In dieser überladenen und ungewöhnlichen Umgebung empfing und unterhielt Jean seine Gäste.«

Stück für Stück hatte Cocteau sein Haus in Milly nach seinen Vorstellungen gestaltet. Getreu seinem Motto: »Damit ein Haus zum verzauberten wird, bedarf es des Engagements.« Cocteau häufte in Milly alle Hinterlassenschaften seiner früheren Wohnungen an. Seine Sammelleidenschaft glich einer Obsession. »Zuweilen brachte ich gefährliche Dinge nach Hause, die wie Alraunen die Neugier reizten und einen Zauber ausübten. Sie erschreckten die einen, und den anderen halfen sie, zu leben.« An die Wände waren Porträts von Freunden und Weggefährten geheftet, darunter Raymond Radiguet, Picasso, Colette und immer wieder Jean Marais. Alte Bühnendekorationen, Gemälde, Fresken und Skulpturen verwandelten das Haus in einen Tempel der Kunst. Als er in einem Rundfunkinterview einmal gefragt wurde, was er aus seinem Haus mitnehmen würde, wenn ein Feuer ausbräche, überraschte er nach einem kurzen Augenblick des Nachdenkens: »Ich glaube, ich nähme das Feuer mit.«

Cocteau hielt sich nicht allzu häufig in Milly auf. Von seinen Feinden als Dilettant und Meister der Selbstinszenierung geschmäht, mußte er sich auf Partys in Paris zeigen, um im Gespräch zu bleiben; die Sommermonate verbrachte er fast ausschließlich an der Côte d'Azur. War er allein in seinem Haus, mußte sich Cocteau eingestehen: »Nichts ist schwieriger für mich, als ohne Arbeit auf dem Land zu leben und das, ohne mich daran gewöhnt zu haben.« Nur wenn er gesundheitlich oder psychisch angeschlagen war, zog er sich längere Zeit nach Milly zurück, um den Winter fernab der hektischen Kunstszene zu genießen. Am 6. Januar 1952 schrieb Cocteau in sein Tagebuch: »Wie weit man in Milly entfernt ist von all diesen Leuten, die sich nicht mehr beherrschen. Köstlicher Spaziergang im Garten und im Wald.« Weit mehr als Außenstehende dachten, war das Haus in Milly ein wichtiger Ruhepol in Cocteaus reifen Jahren, daran bestand auch für James Lord kein Zweifel: »Ich glaube, hier in Milly, weitab vom Trubel der Großstadt Paris und von der schläfrigen Schwüle der

Riviera, hier war sich Jean selbst am treuesten, hier kam man ihm auch am nächsten und hatte auf einfache und wohltuende Art am meisten von ihm. Zumindest empfand ich das so.«

Einer, der ihm in Milly stets Gesellschaft leistete, war sein Adoptivsohn Edouard Dermit, der seit 1947 zu Cocteaus »Schützlingen« zählte. Dermit, der zusammen mit seiner Frau Eliane Dubroca das Haus in Milly-la-Forêt bis zu seinem Tod im Jahre 1995 bewohnte, hat Cocteaus Alltag in den letzten eineinhalb Jahrzehnten aus nächster Nähe miterlebt und beschrieben: »In der Nähe seines Schlafzimmers hatte er einen mit einem Leopardenfell bedeckten Schreibtisch aufgestellt, über dem er seine Erinnerungsstücke aufgehängt hatte, doch dort arbeitete er eigentlich nicht. Zum Schreiben setzte er sich irgendwo hin: mal in den Salon, den er mit einer unvorhersehbaren Flut an fliegenden Zetteln, Notizen und Zeichnungen überschwemmte, bisweilen auch in den Garten, neben die steinernen Sphinxen oder auf die Brücke, die über den Bach führte.«

Mit zunehmendem Alter wurden auch die Ruhephasen länger, die Cocteau benötigte, um Kraft zu schöpfen. Der langjährige Opiumkonsum forderte seinen Tribut, ein zweiter Herzinfarkt zwang ihn im April 1963 zu einer längeren Pause, die er nutzte, um an seinen Memoiren zu arbeiten. Allmählich verließ ihn seine Kraft; Cocteau zog sich vollkommen aus der Öffentlichkeit zurück. Dennoch war es für alle Freunde überraschend, als Jean Cocteau am 11. Oktober 1963 in seinem Haus in Milly-la-Forêt einem Lungenödem erlag. Nur wenige Stunden zuvor hatte er von Edith Piafs Tod erfahren und war von Louis Aragon um einen Nachruf gebeten worden.

Jean Cocteau wurde nicht, wie er es sich anfangs gewünscht hatte, in seinem Garten begraben, sondern in der

Cocteaus Haus in Milly-la-Forêt, weitab vom Trubel der Großstadt

Chapelle Saint-Blaise-des-Simples am Rande von Milly-la-Forêt beigesetzt. Sainte-Blaise war nicht irgendeine Kapelle – wenngleich sie aus dem 12. Jahrhundert stammt –, sondern Cocteau selbst hatte sie 1959 mit Fresken ausgemalt und die beiden Glasfenster entworfen, wobei er mit seiner Motivwahl auf Millys Tradition als Ort für den Anbau von Heil- und Gewürzpflanzen anspielte. Wer die kleine Kapelle besucht, wird noch einmal von der Aura Cocteaus umfangen. Vom Tonband kommt die eindringliche Stimme von Jean Marais, der die Lebensstationen Cocteaus beschreibt und die verschiedenen Pflanzen erklärt. An der rechten Seite der Kapelle steht eine Cocteau-Büste von Arno Breker, jenem Breker, dessen Skulpturen Cocteau trotz dessen Verbundenheit mit dem Naziregime schon in den dreißiger Jahren bewundert hatte. Auf der in den Boden der Kapelle eingelassenen Grabplatte ist unter seinem Namen ein einziger handschriftlicher Satz eingraviert: »Je reste avec vous.« Ich bleibe bei euch.

Anreise: Milly-la-Forêt gehört zum Département Essonne und ist von Paris aus über die A 6 in einer knappen Stunde zu erreichen. Cocteaus Haus liegt in unmittelbarer Nähe der Pfarrkirche. Adresse: 11bis, rue du Lau.

Öffnungszeiten: Die Maison Jean Cocteau wurde im November 2002 von der Association des Amis du Musée Jean Cocteau erworben. Nach der Restaurierung wird das Haus wahrscheinlich erst Ende des Jahres 2006 für die Öffentlichkeit zugänglich sein. Die Chapelle Saint-Blaise-des-Simples ist tgl. von 10-12 Uhr und 14-18 Uhr (im Winter bis 17 Uhr) geöffnet. www.jeancocteau.net

Eine Mühle als Hort der Liebe

Elsa Triolet und Louis Aragon
in Saint-Arnoult-en-Yvelines

Elsa Triolet und Louis Aragon zählen neben Simone de Beauvoir und Jean-Paul Sartre zu den berühmten »Traumpaaren« der literarischen Szene des 20. Jahrhunderts. Mehr als vier Jahrzehnte – bis zu Elsas Tod im Jahre 1970 – haben sie sich selbst als Paar inszeniert, haben politisch gemeinsam agiert und ihre Texte diskutiert. Eine symbiotische Zweisamkeit. Während Sartre und Beauvoir nie zusammen wohnten, teilten Elsa und Louis vom Tag ihres Kennenlernens an Tisch und Bett. Zuerst lebten sie in mehreren kleinen Wohnungen in Paris, bevor sie jenseits des königlichen Forstes von Rambouillet, am Rande von Saint-Arnoult-en-Yvelines, eine alte Mühle renovierten und zu ihrem ganz persönlichen Hort des Glücks ausbauten.

Der 1897 in Paris geborene Louis Aragon gehörte in seiner Jugend zur literarischen Avantgarde. Erst liebäugelte er mit dem Dadaismus, dann zählte er zusammen mit André Breton, Paul Eluard, Philippe Soupault und Tristan Tzara zu den bedeutendsten Vertretern der surrealistischen Literatur. Breton, Medizinstudent wie Aragon, hatte 1924 mit seinem *Manifest des Surrealismus* die Richtung vorgegeben. Aragon unterzeichnete das Manifest und huldigte der Sprache als eigenem Wesen. Der Dichter als Revolutionär. »Der Surrealismus ist für die, die ihn ernst nahmen, der fast verzweifelte Versuch gewesen, die Negation des Dada zu überwinden und, quasi über ihn hinweg, eine neue Realität zu bauen«, befand er in späteren Jahren selbstkritisch. Bevor sich Aragon endgültig vom Surrealismus löste, mußte er noch einige schwere Krisen überstehen.

Das Jahr 1928 markiert den Wendepunkt im Leben von Louis Aragon. Im Sommer unternahm er in Venedig einen Selbstmordversuch. Am Abend des 6. November hatte er dann im Café La Coupole am Boulevard Montparnasse eine schicksalhafte Begegnung: »Es war in einem jener kleinen Cafés am Montparnasse, wo ich wie viele andere einen Herbstabend verbrachte, und das Licht flimmerte und Frauen promenierten und ein kleiner weißer Hund spielte mit einem kleinen schwarzen Hund auf der Bank. Plötzlich rief mich jemand beim Namen: ›Der Dichter Wladimir Majakowskij bittet Sie, sich zu ihm zu setzen ...‹ Am nächsten Tag, etwas später, das Café war schon fast leer, traf ich Elsa Triolet wieder. Seit damals haben wir uns nicht wieder getrennt.«

Das erst wenige Monate zuvor eröffnete La Coupole war schnell zum Treffpunkt der Literaten und Künstler avanciert. Henry Miller und Anaïs Nin, Man Ray und Blaise Cendrars gehörten in jenen Jahren zu den Stammgästen. Auch Majakowskijs »Schwägerin« Elsa Triolet, die in einem Hotel um die Ecke wohnte, besuchte häufig das Coupole und die anderen Cafés am Montparnasse, um Freunde zu treffen, zu schreiben oder über Literatur zu diskutieren. Für Elsa war der Montparnasse »der einzige Ort in Paris, an dem ich existieren konnte. Ich war dort nicht die einzige, die allein war.«

Als Majakowskij, der mit Elsas Schwester Lilja liiert war, sich in Paris aufhielt, äußerte er den Wunsch, ein paar Mitglieder des Surrealistenkreises kennenzulernen, und Elsa vermittelte. Louis Aragon war für Elsa kein Unbekannter. Sie hatte *Der Pariser Bauer* gelesen und bewunderte den Autor nicht nur wegen seines Stils, sondern vor allem wegen seiner Hymne an die Lebenssinn stiftende Liebe. Schnell schien der berühmte Funke zwischen Elsa und Louis übergesprungen zu sein.

Der Salon in der Mühle von Elsa Triolet und Louis Aragon

Seit ihrem zweiten Treffen unterlag beider Leben einer anderen Zeitrechnung: »Meine Vergangenheit war, bevor wir uns trafen. Die Vergangenheit, die wir gemeinsam verbracht haben, ist stets gegenwärtig.« Und Aragon dichtete: »Du, mit wenigen Worten jäh ging mein Leben andersherum.« Noch Jahre später dankte er ihr dafür, daß sie ihn aus dem »Nebel des Surrealismus« herausgeführt hatte. Die Bekanntschaft mit Elsa kam für Aragon einer Initialzündung gleich: »Der Blick der Liebenden schafft zwischen beiden Polen eines Paares eine Zone, in der die Aufmerksamkeit sich sammelt und die Persönlichkeiten sich entwirren. Dort, wo das Licht des Begehrens sich vom Rot des Deliriums zum Violett des Bewußtseins zersetzt, geschieht unwillkürlich das Wunder der Sinne. Dann, dann ... aber nehmen wir nichts vorweg.« Wie auch immer, das Licht des Begehrens ging in Elsas Zimmer im Hotel Istria auf, in dem die beiden schon diese erste Nacht ihres Kennenlernens verbrachten.

Die 1896 in Moskau geborene Elsa Triolet gehörte zum Kreis der russischen Emigranten, die vor den Schrecken der Revolution nach Paris geflüchtet waren. Als Elsa Kagan kam sie nach Paris, heiratete wenig später André-Pierre Triolet, einen französischen Offizier, den sie bereits in Moskau kennengelernt hatte. Die Jungvermählten schifften sich alsbald nach Tahiti ein, von wo Elsa, ernüchtert von der Bürgerlichkeit ihres Gatten und entsetzt über die Kolonialherrenatmosphäre, nach Paris zurückkehrte. Die Beziehung währte nur vier Jahre (»Mit einem Mann muß einen mehr verbinden als die Liebe«), doch Elsa behielt zeitlebens den Namen Triolet.

Sechs Jahre lang führte Elsa ein ungebundenes Leben und unternahm die ersten Schreibversuche; sie verkehrte im Künstlermilieu und pendelte zwischen Berlin, Moskau und Paris, wo sie zuletzt im Hotel Istria lebte, in dem auch

Man Ray, Francis Picabia, Marcel Duchamp und Fernand Léger wohnten. Nach der einschneidenden Begegnung mit Aragon verließ Elsa ihr Hotelzimmer und zog in dessen Wohnung. »War sie bis jetzt ein abstraktes Wesen geblieben, so hatte sie nun einen wirklichen Liebhaber, ein echtes Domizil ...«, heißt es in Elsa Triolets erstem, auf französisch geschriebenen Roman *Bonsoir, Thérèse*.

Unter dem Einfluß von Elsa Triolet engagierte sich Aragon verstärkt politisch. Er besuchte den II. Internationalen Kongreß revolutionärer Schriftsteller in Charkow (1930) und forderte nach seiner Rückkehr in einem Aufsatz, der Surrealismus solle »den dialektischen Materialismus als die einzige revolutionäre Philosophie anerkennen und diesen Materialismus verstehen und vorbehaltlos übernehmen«. Schließlich bricht Aragon mit dem Surrealismus und wird Kommunist, woraufhin er von André Breton, dem »Papst des Surrealismus«, exkommuniziert wird. Der Bruch wurde vor allem Elsa Triolet angelastet.

Auch Claire Goll, die nicht viel von Elsa Triolet hielt, befand, diese habe Aragon »regelrecht mit dem Enterhaken gekapert. Dann brachte sie ihn nach und nach dazu, mit seinen surrealistischen Freunden zu brechen, damit sie seinen Ruhm mit niemandem mehr zu teilen brauchte. Sie wurde seine politische und literarische Managerin und lenkte seine Schritte auf den Weg des Erfolges. Wenn Aragon eine andere Frau gefunden hätte, wäre ein anderer Schriftsteller aus ihm geworden.«

Ein anderer Schriftsteller – aber ein besserer? Aragons große Romane entstanden erst, nachdem er und Elsa Triolet zusammenlebten. Zu Beginn der dreißiger Jahre wandte sich Aragon einem realistischen Sozialismus zu, der seine literarische Entsprechung in dem vierbändigen Zyklus *Die wirkliche Welt* fand. Mit seinem, von Zola beeinflußten historischen Romanzyklus wollte Aragon eine neue Form der Revolutionsliteratur begründen. Im Jahre 1934 erschienen *Die Glocken von Basel* als erster Band des Zyklus, zwei Jahre später *Die Viertel der Reichen*. »Als ich *Die Glocken von Basel* beendet hatte, widmete ich diesen Roman und alles, was ich je schreiben werde, Elsa Triolet, der ich zu danken habe, was ich heute bin, und der ich zu danken habe, daß ich auf dem Grunde meiner Wolken jene ›wirkliche Welt‹ finden durfte, die die Qual zu leben und zu sterben lohnt.«

Der Ausbruch des Zweiten Weltkriegs und der Beginn der deutschen Offensive am 10. Mai 1940 veränderte das Leben von Elsa und Louis entscheidend. Innerhalb weniger Wochen brach der französische Widerstand zusammen. Das Land befand sich in heillosem Chaos. Durch den Ende Juni geschlossenen Waffenstillstand wurde die militärische Niederlage Frankreichs bestätigt. Die jüdische Kommunistin Triolet und der als Halbjude registrierte Aragon mußten um ihr Leben fürchten und flohen in die unbesetzte Südzone. Anfangs lebten sie in Bordeaux, dann in Nizza. Trotz der gefährlichen Situation engagierten sich beide in der Résistance und übernahmen Kurierdienste. Nachdem die Deutschen im November 1942 in das bis dahin unbesetzte Südfrankreich eingerückt waren und die Italiener Nizza besetzt hatten, gingen Elsa und Louis in den Untergrund und publizierten unter Pseudonymen. »Zimmer folgte auf Zimmer und Nacht auf Nacht / Als ob der Arm des Würgeengels nach uns griff.«

Louis Aragon gehörte zu den engagiertesten Dichtern in der von Kommunisten dominierten Résistance. Zeitweise fungierte er als Leiter einer Widerstandsgruppe in der Südzone. In der Okkupation sah er eine Legitimation, als Schriftsteller politische Botschaften zu expedieren. So beschwor Aragon in *Les Yeux d'Elsa (Elsas Augen)* die Liebe zu seiner Frau, eine Liebe, die er der Liebe zum geschundenen Vaterland gleichsetzte. Nach vier Jahren fand die Zeit des Versteckens und der Ungewißheit ein Ende. Glücklich über die Befreiung von Paris, pries Aragon die erhabene Schönheit seiner Heimatstadt 1944 in einem Gedicht:

»Nichts glänzt so wie Paris im Pulverdampf
Nichts ist so stark obs Blitz und Feuer spie
Nichts hebt die makellose Stirn zum Kampf
Wie meine Stadt die Todesmut bewies
Nichts ist so schön wie mein Paris Paris«

Als berühmtes Schriftstellerpaar kehrten Elsa Triolet und Louis Aragon nach dem Ende der Besatzungszeit nach Paris zurück. Elsa erhielt 1945 (rückwirkend für das Jahr 1944, in dem kein Preis verliehen wurde) als erste Frau den renommierten Prix Goncourt. Auch finanziell wirkte sich der neu erworbene Ruhm positiv aus, wie Elsa befriedigt zur Kenntnis nahm: »Schon nach kurzer Zeit hatte ich genug Geld, um ein Landhaus zu kaufen; die Leute begannen, meine Bücher zu mögen, ja, sie rannten ihnen nach.«

Der Kauf eines »Landhauses« war gewissermaßen auch eine Reaktion auf die beengten Verhältnisse in ihrer Zweizimmerwohnung in der Rue de la Sourdière: »Wir lebten dort fünfundzwanzig Jahre, bis 1960. Fünfundzwanzig Jahre lang lebten wir in zwei Zimmern mit Büchern, die uns auf den Kopf fielen, für den einen eine Unmöglichkeit zu arbeiten, wenn der andere wen zu Gast hatte.« Wie heißt es in Aragons die *Viertel der Reichen*?: »Paris, das um sich her die hellen Windmühlenflügel seiner Landstraßen legt, das sich hinüber erstreckt durch schwitzende Arbeiterviertel nach dem flachen Lande zu, das kahl ist wie die Erinnerung an ein vergangenes Glück.«

Bei einem Ausflug in die Umgebung von Paris, der sie

durch den Wald von Dourdan führte, entdeckten Elsa und Louis im Tal der Rémarde die Moulin de Villeneuve. Seit einem halben Jahrhundert stand die bereits im 12. Jahrhundert urkundlich erwähnte Wassermühle verlassen da, dem drohenden Verfall preisgegeben. Die beiden verliebten sich in das idyllische Ensemble am Rande von Saint-Arnoult-en-Yvelines, und Aragon entschloß sich im Dezember 1951, mit Hilfe eines Kredits die Mühle für Elsa zu erwerben, um seiner Frau »ein Stück französischer Erde« zu bieten. Die Woche über lebten sie in Paris, doch fortan verbrachten Elsa und Louis fast jedes Wochenende in ihrer Mühle, deren Restaurierung sich noch über Jahre hinziehen sollte. Die Wassermühle und die angrenzenden Stallungen waren in einem denkbar schlechten Zustand, das zugehörige sumpfige Grundstück war vollkommen verwildert.

Die Arbeiten begannen. Elsa, die Architektur studiert hatte, widmete sich mit Enthusiasmus der Planung und Gestaltung der Innenräume, während »Aragocha im Garten wie ein Pferd schuftet, wie ein Besessener ohne Ruhepause; er ist hundemüde, aber, für Momente, glücklich«, schrieb Elsa am 22. Mai 1952 an ihre Schwester Lilja in Moskau. Louis bahnte Wege ins Dickicht der Büsche und legte Leitungen, um den Park für nächtliche Wanderungen beleuchten zu können. In der Mühle wurde auf Wunsch von Aragon eine Heizung installiert, da er fürchtete, seine – bis zu seinem Tod auf 28.000 Bände angewachsene – Bibliothek würde durch die hohe Luftfeuchtigkeit Schaden nehmen. Elsa wählte die Möbel, Teppiche und Wandfarben aus, wobei sie ihre Vorliebe für hellblaue Pastelltöne auslebte, die sie an ihre russische Kindheit erinnerten und das alte Gemäuer mit Leichtigkeit erfüllten. Rattanmöbel sowie die teilweise skurrilen Lampen dokumentieren Elsas Liebe zu Tahiti und der Südsee.

Auch äußerlich paßte sich das Paar dem Landleben an.

Elsa Triolet und Louis Aragon,
Photographie von Robert Doisneau

Statt einem eleganten Anzug trug Aragon in Saint-Arnoult grobe Cordhosen, und Elsa tauschte Hut und Pumps gegen ein Kopftuch und Gummistiefel. »An der Mühle ist alles wunderbar. Was gefroren war, blüht schöner denn je, der Jasmin hat alles überwuchert mit seinen blühenden Büschen, den kleinen rosa und weißen Blüten. Die Pappeln haben ausgetrieben, es ist jetzt ihr dritter Sommer bei uns«, schrieb Elsa am 11. Juli 1956 an ihre Schwester. Um die Abgeschiedenheit aufzulockern, luden Louis und Elsa am Wochenende immer wieder Gäste in ihre Wassermühle ein.

Der Schriftsteller François Nourissier beschrieb in seiner Autobiographie, wie er die Abende in Saint-Arnoult erlebte: »Oft fand man sich zum Abendessen in der Küche der Mühle zusammen, die einem Bauernhaus ähnelte. Elsa hatte dekorativ die Wände mit Delfter Kacheln verziert. Die Haushälterin bediente uns schweigend und blieb hinter uns stehen, während wir tafelten. Ich erinnere mich an ein schweres und köstliches Abendmahl, wie es Elsa zuzubereiten liebte, ein Überfluß an Wein und anderen Alkoholika, die Flaschen, die Louis mit leicht exaltierter Freundlichkeit öffnete, so daß wir nicht zu widerstehen wagten.«

Aufgrund der authentischen Atmosphäre können sich heutige Besucher leicht in die damalige Zeit zurückversetzen. Die Küche mit dem Eßzimmer, die zum Hof hin zeigt, wird von einer gewölbten Ziegeldecke abgeschlossen. An der Küchenwand mit den blauen Delfter Kacheln hängt noch immer das Keramikfresko *Cheval roux* von Fernand Léger, das er 1953 aus Begeisterung für Elsas gleichnamigen Roman entwarf. Auf den einfachen, geflochtenen Holzstühlen versammelten sich am Wochenende um den rustikalen Eichentisch die Freunde des Schriftstellerpaars, darunter Edmonde Charles-Roux sowie Pierre und Colette Seghers. Kaum wahrnehmbar in die Lampe integriert ist eine Klingel für die Haushälterin.

Im Erdgeschoß direkt neben der Küche befand sich Aragons Arbeitszimmer, dominiert von einer wuchtigen Holzdecke und einem großen Kamin. An dem schlichten Holztisch in der Mitte des Raumes arbeitete Aragon auf einem alten Ledersessel sitzend, den Blick auf die Wände mit Bücherregalen verstellt. Jedesmal, wenn Louis am Wochenende mit Elsa nach Saint-Arnoult fuhr, brachte er ganze Bücherstapel mit. Vergeblich versuchte er, seine Bibliothek alphabetisch zu ordnen, doch fielen seine Bemühungen stets »den Gezeiten der Papiere« zum Opfer. Außer Büchern sammelte Aragon in seinem Zimmer noch persönliche Erinnerungsgegenstände wie eine russische Spieldose, einen Spazierstock oder eine Lithographie, die er von Picasso geschenkt bekommen hatte – alles ist heute noch dort zu sehen. Auf dem Sims über dem Kamin liegen zwei Pakete mit Tabakrationen, die Aragon im Ersten Weltkrieg an der Front erhalten hatte. Trotz der zentralen Lage als Durchgangszimmer zwischen Küche und Salon galt in Saint-Arnoult das ungeschriebene Gesetz: Sobald Aragon an seinem Schreibtisch saß, wollte er von niemandem gestört werden, selbst Elsa durfte dann sein Arbeitszimmer nicht betreten.

Der größte Raum des Hauses ist der schwarz-weiß geflieste Salon, der sich über zwei Stockwerke erstreckt und einst das Mühlwerk beherbergte. Durch ein Bullauge blickt man noch heute auf das alte Mühlrad. (Aragon machte sich einen Spaß daraus, seine Gäste zu erschrecken, indem er heimlich das Wehr öffnete, damit sich das Rad unter lautem Getöse (seine »kleine Oper«) in Bewegung setzte.) Die Wände des Salons sind von lindgrünen Bücherschränken umrahmt, die aus einer aufgelösten Klosterbibliothek stammen. Hinter den Glastüren stapeln sich Kunstbücher und Werke ausländischer Autoren, hauptsächlich deutsche, spanische, italienische und englische Bücher.

Das Arbeitszimmer von Louis Aragon

Aragon bevorzugte es, jegliche Literatur im Original zu lesen, da er Übersetzungen mißtraute. Abends setzten sich Louis und Elsa zum Lesen und Diskutieren vor den Kamin, auf dem zwei Vasen stehen, die Picasso in Vallauris gefertigt und dem Ehepaar geschenkt hatte. An Elsa erinnern ihr verschnörkelter russischer Sessel und ein Klavier, auf dem sie als Kind einer musischen Familie gerne spielte. Über eine mit Büchern vollgestellte Empore gelangt man in den ersten Stock, der vor allem Elsas Reich war.

Hinter einer verborgenen Schranktür im Flur stehen Dutzende von Krimis, ordentlich aufgereiht. Heimlich, denn Aragon waren Kriminalromane verhaßt, las Elsa die Taschenbücher der *Serie Noir*. Neben dem in orange und schwarzen Tönen gehaltenen Badezimmer schließt sich das gemeinsame Schlafzimmer an. Ein unterkühltes Szenario in Petersburger Blau. Auch Elsas Arbeitszimmer ist in hellblaue Pastelltöne getaucht. Ihr Schreibtisch steht direkt vor dem Fenster, davor ein weiterer geschwungener russischer Sessel. Über einem weißen, verspielten Steingutofen hängt ein holzgerahmter Spiegel. Das gesamte Arrangement ist seit Elsas Tod wie ein Stilleben unverändert geblieben. In den Bücherregalen finden sich zahlreiche russische Titel: Dostojewski, Lermontow und natürlich Majakowski, während die Bilder und Photographien an den Wänden ihre Lebensstationen dokumentieren: Tahiti, wo sie mit ihrem ersten Ehemann lebte, Nadja, ihre Jugendfreundin, ein alter Stadtplan von Avignon, »Elsas Stadt«, die sie in ihrer Novelle *Die Liebenden von Avignon* verewigt hat. Einen Ehrenplatz nimmt auch eine Kommode ein, die Aragon Elsa am 6. November 1958 zum 30. Jubiläum ihres Kennenlernens geschenkt hatte.

Im Alter, als Elsas gesundheitliche Beschwerden zunahmen, unternahm das Paar nur noch selten Ausflüge nach Paris. Saint-Arnoult wurde mehr und mehr vom Wochenendsitz zum Hauptwohnort, zum Altersrefugium des Schriftstellerpaares. Einkäufe ließen sich im nahe gelegenen Dorf erledigen. Lesend und schreibend verbrachten sie in gewohnter Eintracht ihre Tage.

Die Magie von Saint-Arnoult-en-Yvelines erlosch, nachdem »Jacinthe« im Park einen Schwächeanfall erlitten hatte und wenig später in den Armen ihres geliebten »Aragocha« für immer eingeschlafen war. Obwohl Elsa seit Jahren mit Herzproblemen zu kämpfen hatte, traf ihr Tod Louis schwer und hinterließ ein Gefühl der Leere und Einsamkeit. Aragon beklagte den jähen Schmerz, »der sich irgendwo im Menschen einnistet und zu einer großen Sache wird, so daß die Zeit kein Gewicht mehr hat, die Tage vergehen und die Nächte ... Diese Art Schmerz, den ich fühle, den ich tief in mir herumtrage, erlischt manchmal, schläft ein: man möchte meinen, irgendein Lied wiegt ihn ein, besiegt ihn, überwindet ihn, ein Lied, das zwar vergessen ist, das aber wiedererwacht, ein Lied aus meiner Kindheit, und ich versuche, seine Worte, seine Melodie wiederzufinden ...«

In den folgenden zwölf Jahren, um die er Elsa überleben sollte, hielt sich Aragon nur noch selten in der alten Wassermühle auf. Zutiefst erschüttert, wollte er seine Erinnerung an die glücklichen Tage bewahren. Selbst der Abreißkalender im Flur vor Elsas Zimmer zeigt noch immer das Datum 16. Juni 1970 – Aragon ließ den Kalender seit ihrem Tod unberührt.

Wer durch den ausgedehnten, parkähnlichen Garten streift, verharrt noch einmal am gemeinsamen Grab der Liebenden. Hier, an ihrem Lieblingsplatz auf einer Anhöhe, wollte Elsa begraben werden. Eine Liebe über den Tod hinaus, wie die Inschrift auf der Grabplatte feierlich verkündet: »Und wenn wir dann Seite an Seite nebeneinander ruhen, wird die Verbundenheit unserer Werke uns im

Guten wie im Schlechten in einer Zukunft vereinen, die unser Traum und unsere größte Sorge war. So werden unsere vereinigten Bücher, schwarz auf weiß, Hand in Hand, dem die Stirn bieten, was uns einander entreißen wird.«

Anreise: Saint-Arnoult-en-Yvelines gehört zum namensgebenden Département Yvelines. Der Ort liegt 40 Kilometer südwestlich von Paris und ist über die A 10 bzw. A 11 zu erreichen (Ausfahrt: Saint-Arnoult/Dourdan). Am westlichen Ortsrand weist ein Schild auf die Fondation Triolet-Aragon hin.
Öffnungszeiten: Die Fondation Elsa Triolet – Louis Aragon in der Rue de Villeneuve organisiert auch Seminare sowie Veranstaltungen und ist Sa und So von 14-18 Uhr geöffnet. Stündlich finden Führungen statt. Von 15. Dez. bis 15. Jan. geschlossen. www.maison-triolet-aragon.com

Erinnerungen an Tante Léonie

Marcel Proust in Illiers-Combray

»Combray, von ferne gesehen, aus einem Umkreis von zehn Meilen, von der Eisenbahn aus ... war nur eine Kirche, die die Stadt zusammenfaßte, die sie vertrat, die zu der Ferne von ihr und für sie sprach und die, wenn man näherkam, um ihren hohen, düsteren Kragenmantel herum mitten im Feld gegen den Wind wie eine Hirtin ihre Schafe die wolligen, grauen Rücken der zusammengescharrten Häuser dicht beieinanderhielt, die ein Rest der Stadtmauer aus dem Mittelalter hier und da mit einer ebenso vollkommen kreisrunden Linie umgab wie auf einem spätgotischen Bild.«

Dieses Combray ist das Zentrum der Proustschen Phantasiewelt. Hier nimmt die »Suche nach der verlorenen Zeit« ihren Ursprung, aus dieser Quelle schöpft der Ich-Erzähler das Wasser der Erinnerung und erweckt die Vergangenheit zu neuem Leben. Für Marcel Proust ist Combray der Kosmos, aus dem sich sein literarisches Schaffen speist. Nicht nur *In Swanns Welt*, dem ersten Teil von *Auf der Suche nach der verlorenen Zeit*, sondern auch in späteren Passagen der *Recherche* nimmt Proust immer wieder Bezug auf Combray, das als »Étreuilles« auch im unvollendeten und posthum veröffentlichten Roman *Jean Santeuil* sowie in dem Essay *Tage des Lesens* eine wichtige Rolle spielt.

»Combray« ist kein fiktiver Ort, sondern hat ein reales Vorbild: Illiers, eine kleine, 25 Kilometer südwestlich der Kathedralenstadt Chartres gelegene Ortschaft, aus der Marcels väterliche Vorfahren stammen. Adrien Proust, Marcels Vater, hatte in Paris als Arzt Karriere gemacht

Marcel Proust, um 1905

und war zum Professor für Hygiene an der medizinischen Fakultät der Pariser Universität berufen und schließlich sogar zum Generalinspektor des Gesundheitswesens ernannt worden. Trotzdem fühlte er sich zeitlebens seiner Heimatstadt eng verbunden; er liebte die provinzielle Abgeschiedenheit und besuchte seine Schwester, so oft es ihm möglich war.

Zwischen 1877 und 1880 verbrachte Marcel mit seiner Familie die Oster- und manchmal auch die Sommerferien bei der väterlichen Verwandtschaft in Illiers. Aufgrund eines Asthmaanfalls, an dem er nach einem Spaziergang im Bois de Boulogne im Frühjahr 1881 fast gestorben wäre, sah die Familie von weiteren gemeinsamen Aufenthalten in der Provinz ab; Marcel wurde aus Angst vor den Allergie auslösenden Pollen daraufhin in den Ferien ans Meer geschickt. Ein letztes Mal kam er 1886 nach Illiers, nachdem seine Tante gestorben war und es galt, die Hinterlassenschaften zu regeln.

Die Familie Proust reiste stets mit dem Zug an, da die Bahnlinie Paris-Bordeaux direkt an dem Ort vorbeiführte. Sobald der Glockenturm von Illiers in Sichtweite rückte, »abwechselnd rechts und links die Himmelsgefilde durcheilte und seinen kleinen blechernen Wetterhahn in alle Richtungen scheuchte«, mahnte der Vater die Familie zur Eile, denn der Zug hielt nur für zwei Minuten, bevor er dem Atlantik zustrebend vom Horizont verschluckt wurde.

Rund um Illiers erstreckt sich die Beauce, eine spärlich besiedelte, aber fruchtbare Region, die ehedem als »Kornkammer von Paris« galt. Heute dominieren in der Beauce Mais- statt Weizenfelder, die sich bis zum Horizont ausdehnen. Nur an wenigen Stellen ragen ein paar Hügel und leichte Bodenwellen aus der flachen Landschaft empor. Der kleine Marcel suchte gerne einen Platz auf, »wo die

Tante Léonies Garten in Illiers-Combray

vorher enger werdende Straße sich plötzlich auf ein weites Plateau öffnete, das von einem gezackten Waldhorizont eingefaßt war, über den einzig die feine Spitze des Glockenturms von Saint-Hilaire sich erhob, so schmal, so rosigzart, daß sie nur mit dem Nagel auf den Himmel eingeritzt schien in der Absicht, auf diese Landschaft, dieses aus nichts als Natur bestehende Bild, ein kleines Zeichen von Kunst, eine einzige Note menschlicher Anwesenheit zu setzen«.

Direkt am Marktplatz, an dem Marcels Großeltern einen einfachen Kolonialwarenladen betrieben hatten, richtete sich der Turm der spätmittelalterlichen Pfarrkirche Saint Jacques steil gen Himmel, »seine Spitze bis ins Herz des Himmels treibend«, nach Norden hin öffnete sich »ihr alter Vorbau, ... schwarz und durchlöchert wie eine Schaumkelle« – als »Saint Hilaire« hat Proust die Kirche in seiner *Recherche* mehrfach beschrieben. »Wie liebte ich unsere Kirche! Wie deutlich sehe ich sie vor mir!« Proust verklärte die Kirche, ohne ihre ästhetischen Mängel zu verheimlichen. Die Apsis »war so plump, so völlig ohne künstlerische Schönheit, ja ohne Inbrunst. Von außen gesehen, erhob sich ihr grobes Mauerwerk über einer etwas tiefer gelegenen Straßenkreuzung auf einem Unterbau aus unbehauenen Steinen, der von spitzen Kieseln starrte und nichts spezifisch Kirchliches besaß, die Fenster schienen außerordentlich hoch angebracht, und das Ganze sah mehr wie eine Gefängnismauer denn wie eine Kirche aus.«

Mit seinen knapp 3000 Einwohnern war Combray im Jahre 1880 mehr ein Dorf denn eine Kleinstadt. Seine Gassen, Plätze und Gärten sind dank Proust davor bewahrt worden, der Vergessenheit anheim zu fallen. »Zum Bewohnen war Combray etwas trübselig, wie auch seine Straßen mit den aus dem schwärzlichen Stein der Gegend gebauten Häusern, zu deren Eingang äußere Stufen führten und deren Giebel vor ihnen so viel Schatten verbreiteten, daß man, sobald der Tag sich neigte, gezwungen war, in den zur Straße gehenden Räumen die Stores hochzuziehen«, so nüchtern schildert Marcel Proust sein Kindheitsparadies, das ihm durch sein Asthmaleiden für immer verlorenging.

Das Haus selbst liegt am Ende eines kleinen Gartens, in den die Besucher gelangten, nachdem das »zweimalige schüchterne, runde und goldene Klingeln der Glocke« ihr Kommen angekündigt hatte; betrat jemand den Garten ohne zu läuten, so ertönte nur für Eingeweihte unterscheidbar »die übereifrig lärmende Schelle«. An einem Eisentisch unter dem großen Kastanienbaum verbrachte die Familie die Abende in Eintracht nebeneinandersitzend. Der kleine Marcel ging oft zum Lesen in den Garten und setzte sich in eine kleine »Hütte aus Lattenwerk und Segeltuch, in der ich den Augen der Personen zu entgehen glaubte, die meine Eltern besuchten«. Vom Gartentor führt noch heute ein Kiesweg zum Hauseingang.

»Viele Jahre lang hatte von Combray ... nichts mehr für mich existiert, als meine Mutter an einem Wintertage, an dem ich durchfroren nach Hause kam, mir vorschlug, ich solle entgegen meiner Gewohnheit eine Tasse Tee zu mir nehmen. Ich lehnte erst ab, besann mich dann aber, ich weiß nicht warum, eines anderen. Sie ließ darauf eines jener dicklichen, ovalen Sandtörtchen holen, die man ›Petites Madeleines‹ nennt und die aussehen, als habe man als Form dafür die gefächerte Schale einer Jakobs-Muschel benutzt. Gleich darauf führte ich, ohne mir etwas dabei zu denken, doch bedrückt über den trüben Tag und die Aussicht auf ein trauriges Morgen, einen Löffel Tee mit einem aufgeweichten kleinen Stück Madeleine darin an die Lippen. In der Sekunde nun, da dieser mit den Gebäckkrümeln gemischte Schluck Tee meinen Gaumen berührte, zuckte ich zusammen und war wie gebannt durch etwas Ungewöhnliches, das sich in mir vollzog. Ein unerhörtes Glücksgefühl, das ganz für sich allein bestand und dessen Grund mir unbekannt blieb, hatte mich durchströmt.«

Allmählich, Glied für Glied, tastet sich der Ich-Erzähler in *Swanns Welt* an der Kette der Erinnerung zurück, um vergessene Eindrücke und Empfindungen heraufzubeschwören. Erinnerung ist Verzückung. Und Proust mißt der Erinnerung mehr Wahrheit bei als der flüchtigen Gegenwart. »Der beste Teil unserer Erinnerung liegt außerhalb von uns selbst.« Proust zelebriert seine Fähigkeit, sich in Details der Vergangenheit zu versenken. Aus alltäglichen Momenten und unscheinbaren Erlebnissen werden durch ihren Nachklang intensive Augenblicke des Glücks. In diesem Sinne ist das Prinzip der *Recherche* die »poésie de la mémoire«. Proust verfolgt jede noch so zarte Spur seiner Erinnerung, beschwört Gerüche und Lichteinfälle, um sich die vergessenen Erlebnisse ins Gedächtnis zu rufen. »Wenn von einer weit zurückliegenden Vergangenheit nichts mehr existiert, nach dem Tod der Menschen und dem Untergang der Dinge, dann verharren als einzige, zarter, aber dauerhafter, substanzloser, beständiger und treuer der Geruch und der Geschmack, um ... das unermeßliche Gebäude der Erinnerung zu tragen.«

Plötzlich ist sie da, die Erinnerung an ein Kindheitserlebnis in Combray, als ihm seine Tante Léonie an einem Sonntagmorgen eine in Lindenblütentee getauchte Madeleine angeboten hatte.

Und auf einmal war »das graue Haus mit seiner Straßenfront, an der ihr Zimmer sich befand, wie ein Stück Theaterdekoration zu dem kleinen Pavillon an der Gartenseite hinzugetreten, der für meine Eltern nach hintenheraus angebaut worden war ... und mit dem Haus die Stadt, vom Morgen bis zum Abend und bei jeder Witterung, der Platz, auf den man mich vor dem Mittagessen schickte, die Straßen, in denen ich Einkäufe machte, die Wege, die wir gingen ... ebenso stiegen jetzt alle Blumen unseres Gartens und die aus dem Park von Swann und die Seerosen auf der Vivonne und all die Leute aus dem Dorf und ihre kleinen Häuser und die Kirche und ganz Combray und seine Umgebung, all das, was nun Form und Festigkeit annahm, Stadt und Gärten, stieg auf aus meiner Tasse Tee.«

»Tante Léonie« hieß eigentlich Françoise Elisabeth Joséphine Amiot; die vier Jahre ältere Schwester von Prousts Vater Adrien war mit dem Tuchhändler Jules Amiot verheiratet. Die beiden lebten in einem aus dem Jahre 1780 stammenden Haus, das sich ein Tuchhändler – die auskragenden Gauben im Dachgeschoß dienten einst dazu, die schweren Stoffballen mit Hilfe eines Flaschenzugs einzulagern – gebaut hatte. Das Haus stand in der Rue de Saint-Esprit, die später zu Ehren von Marcel Prousts Vater in Rue Docteur Proust umbenannt worden ist. Doch nicht nur der Straßenname, auch der Ortsname ist nicht der gleiche geblieben: Zum 100. Geburtstag des Schriftstellers hat sich die Wirklichkeit mit der Fiktion verbunden, und seither verkünden die Straßenschilder »Illiers-Combray«.

Germaine Amiot, die Enkelin von »Tante Léonie«, erwarb das Haus, in welches Proust all seine Kindheitserfahrungen verlegt hatte, im Jahre 1954 und vermachte es 1976 der französischen Marcel Proust Gesellschaft. Deren Gründer wiederum hat das Haus und seine Inneneinrichtung genauso rekonstruiert, wie es Proust in der *Recherche* beschrieben hatte. Bohnerwachs, bemalte Zierteller und Spitzendeckchen – nichts fehlt.

Manchmal mutet das Ambiente ein wenig nach Puppenstube an, so in der in einem Anbau untergebrachten Küche, wo Limogesschüsselchen auf der Anrichte stehen und

Das Eßzimmer im Haus von Prousts Tante

Kupferpfannen an den Wänden hängen. Hier werkelte die Haushälterin Ernestine Gallou, die dem Leser in der *Recherche* als Françoise und in *Jean Santeuil* als Ernestine und Félicie begegnet: »Bevor Jean sich zum Gottesdienst begab, war er ins Souterrain zur Küche hinuntergegangen, wo Félicie ... das Feuer schürte, indem sie mit dem eisernen Haken in einem Flammengeloder, einer Hitze und einem Prasseln von wahrhaft höllischer Art auf die glühenden Kohlen einhieb. Auf dem Herd aber standen aufgereiht wie in einer Töpferwerkstatt und schon weißlichen Dampf entsendend Kochtöpfchen, runde Kasserollen und eine breite, flache Pfanne, und in jeder brodelte eine Masse, die im einen Falle braun, im anderen rosarot oder violett aussah, die jeweils einen speziellen Duft verströmte und bereits von der zarten Erlesenheit der Meisterwerke dieser gewalttätigen Kunst zu zeugen schien.«

Im Erdgeschoß, direkt gegenüber vom Eingang, befindet sich das Eßzimmer, das Marcel gerne zum Lesen aufsuchte: »Morgens, nach der Rückkehr aus dem Park, wenn alle zu einem Spaziergang aufgebrochen waren, schlüpfte ich in das Eßzimmer, das bis zu der noch fernen Stunde des Mittagessens niemand, bis auf die alte, verhältnismäßig stille Félice, betreten würde, und wo ich als dem Lesen besonders gewogene Gefährten nur die an der Wand hängenden bemalten Teller hatte, den Kalender, dessen vortägiges Blatt frisch abgerissen worden war, die Standuhr und das Feuer, die beide sprechen, ohne zu erwarten, daß man ihnen antwortet, und deren sanfte, sinnlose Sätze nicht wie die Worte der Menschen einen anderen Sinn an die Stelle der Wörter setzen, die man liest.«

In einem kleinen Raum direkt neben dem Eingang hatte sich Jules Amiot, der längere Zeit in Algerien lebte, ein »orientalisches Kabinett« eingerichtet. Hierher zog sich der Onkel zurück, wenn sich die anderen zur Mittagsruhe begaben. Es war »mit tausend Dingen ausgestattet ..., die er aus Algerien mitgebracht hatte: mit Matten auf dem Steinboden, geschnitzten Kokosnüssen, Photographien, auf denen Moscheen oder Palmenbäume dargestellt waren. Es war ein kleiner einstöckiger Nebenbau, von dem aus man durch kleine Buntglasfenster unmittelbar auf den Garten blickte und der in Jean die merkwürdige Vorstellung weckte, er gehöre seinem Onkel kraft eines besonderen Privilegs, sei ein Zeichen seiner Stellung oder seines Vermögens; überhaupt war es für ihn etwas völlig anderes als ein Haus, war mit Erinnerungen beladen wie ein Grab, frisch wie eine Oase und ausgeschmückt nach Art eines Badhauses, dämmrig wie eine Kirche.«

Die Aufenthalte in Illiers waren stets einem gleichbleibenden Rhythmus aus Lesen, Spazierengehen und gemeinsamen Mahlzeiten unterworfen. »Nach dem Abendessen, ach! mußte ich bald Mama verlassen, die blieb, um mit den andern zu plaudern, bei schönem Wetter im Garten, bei schlechtem in dem kleinen Salon, in den sich dann alle zurückzogen.« Untröstlich war er, wenn er ohne den mütterlichen Gutenachtkuß zu Bett geschickt wurde. Schweren Herzens stieg er die Stufen zu seinem Zimmer empor. »Diese verhaßte Treppe, die ich immer so niedergeschlagen betrat, strömte einen Geruch von Lack aus, der in gewisser Weise diese spezielle Art von allabendlichem Kummer in sich aufgesogen und fixiert hatte und ihn dadurch für mein Empfinden vielleicht noch quälender machte, da an seiner geruchsverhafteten Gestalt mein Verstand keinen Anteil nehmen konnte.« Das Drama des Schlafengehens vollzog sich jeden Abend aufs neue; »es war, als habe ganz Combray nur aus zwei durch eine schmale Treppe verbundenen Stockwerken bestanden und als sei es dort immer und ewig sieben Uhr abends gewesen.«

Das Zimmer, das sich Marcel in den Ferien mit seinem

zwei Jahre jüngeren Bruder Robert teilte, beschrieb er in der *Recherche* sowie in *Tage des Lesens*, sich selbst zum Einzelkind stilisierend: »Mein Zimmer ... war voll von Dingen, die zu nichts dienen konnten, und die schamhaft, bis zu einem Grade, der ihren Gebrauch außerordentlich erschwerte, jene verbargen, die zu etwas dienten. Aber die Dinge, die nicht zu meiner Bequemlichkeit da waren, sondern die zu ihrem Vergnügen dorthin geraten zu sein schienen, machten für mich gerade die Schönheit meines Zimmers aus. Die hohen weißen Vorhänge, die das Bett, wie in der Tiefe eines Heiligtums aufgestellt, den Blicken entzogen; das Gestreu von Plumeaus aus Marzellin, von blumenverzierten Steppdecken, bestickten Überdecken und Kopfkissenbezügen aus Batist ... neben dem Bett die Dreiheit des blau gemusterten Glases, der gleichartigen Zuckerdose und der Karaffe ... eine Art von Kultinstrumenten – fast ebenso geheiligt wie der kostbare Likör aus Orangenblüten, der neben ihnen in einer Glasphiole stand ... die kleinen in Stäbchen gehäkelten Stolen, die über die Lehnen der Sessel ein Gewand aus weißen Rosen breiteten ... die Glasglocke, unter der, geschützt vor vulgären Berührungen, die Standuhr vertraulich für Muscheln schwatzte, die von weither gekommen waren, und für eine alte sentimentale Blume, doch die so schwer zu heben war, daß, wenn die Uhr stehenblieb, niemand außer dem Uhrmacher so unvorsichtig gewesen wäre sie aufzuziehen; ... und schließlich die dreifache Übereinanderlagerung von kleinen Schleiergardinen, großen Musselin- und noch größeren Bachantvorhängen, die in ihrem oft besonnten Hagedornweiß immer lächelnd heiter aussahen ...« Selbstverständlich fehlt auch die Laterna magica nicht, mit der der kleine Marcel vor dem Abendessen so gerne spielte.

Gegenüber von Marcels Zimmer ist das Zimmer seiner Tante Léonie. Ein »typisches Provinzzimmer«, ohne

Die Küche in Illiers. Hier werkelte die Haushälterin Ernestine Gallou, Proust-Lesern als Françoise bekannt

Schnörkel und Pomp. Jeden Sonntagmorgen vor dem Kirchgang wünschte der Ich-Erzähler der *Recherche* seiner bettlägerigen Tante einen Guten Morgen, woraufhin er ein Stück einer in Lindenblütentee getauchten Madeleine angeboten bekam. »Auf der einen Seite ihres Bettes befand sich eine große gelbe Kommode aus Zitronenholz und ein Tisch, der gleichzeitig etwas von einer Offizin und von einem Altar hatte; unter einer Statuette der Heiligen Jungfrau und einer Flasche Vichy-Célestins lagen dort Meßbücher neben Rezepten, alles also, was sie brauchte, um von ihrem Bett aus den Offizien und ihrer Diät zu folgen, um weder die Stunde des Pepsins noch diejenige des Abendgebets zu verpassen. Auf der anderen Seite stand ihr Bett unmittelbar unter dem Fenster, so daß sie die Straße vor Augen hatte und daraus von morgens bis abends, um sich die Zeit zu vertreiben, nach Art der persischen Prinzen die tägliche, aber gleichwohl in unvordenkliche Zeiten zurückreichende Chronik von Combray ablas, die sie hinterher gemeinsam mit Françoise kommentierte.« Heute beugen sich Literaturliebhaber ehrfurchtsvoll über eine Vitrine, in der eine alte Flasche Vichy-Wasser neben einem Teeservice und einer Madeleine dekoriert sind. So war es wohl auch kein Zufall, daß die Madeleine Proust in Muschelform begegnete, schließlich lag Illiers einst am Pilgerweg nach Santiago de Compostela.

Weniger erstarrt als das Haus ist jener Naturgarten am Ortsende, den Marcels Onkel nach Pariser Vorbild »Pré Catelan« genannt hatte. Der parkähnliche Lustgarten liegt am anderen Ufer des Loir – in Prousts *Recherche* mutiert der Fluß zur Vivonne – und ist über eine Brücke schnell zu erreichen. Noch immer wird man von Fliederbüschen und den berühmten Weißdornhecken begrüßt, die Proust in den Park von Monsieur Swann verlegte. »Die Hecke bildete gleichsam eine Folge von Kapellen, die unter dem

Schmuck der wie auf Altären dargebotenen Blüten verschwanden; unter ihnen zeichnete die Sonne auf den Boden ein lichtes Gitterwerk, so als fiele ihr Schein durch ein Kirchenfenster ...«

Combray, Weißdornhecken, Lindenblütentee, Madeleines – »All das war in Wirklichkeit tot für mich. Tot für immer? Vielleicht.«

Anreise: Illiers-Combray liegt 25 Kilometer südwestlich von Chartres im Département Eure-et-Loir und ist von Paris über die A 11 (Ausfahrt Thivas) zu erreichen. La Maison de Tante Léonie (gut ausgeschildert) befindet sich im Ortszentrum in der Rue du Docteur-Proust, Hausnummer 4-6.

Öffnungszeiten: Führungen von Mi – So jeweils um 14.30 und 16 Uhr. Im Juli und August Führungen jeweils Mi – So um 11, 14.30 und 16 Uhr; Di von 10.45 – 12 Uhr und 14-17.30 Uhr individuelle Besichtigungen ohne Führung möglich. Vom 15 Dez. bis 15. Jan. geschlossen.

Colettes Elternhaus in Saint-Sauveur

Stille Tage in Saint-Sauveur-en-Puisaye

Colette, das Mädchen aus der Provinz

Es gibt viele Möglichkeiten, auf Colettes Spuren zu wandeln. Wer mediterranes Flair liebt, kann an die Côte d'Azur fahren. Neben ihrer Villa »La Treille Muscate« in Saint-Tropez, wo Colette zwischen 1926 und 1938 jeden Sommer verbrachte, bietet sich beispielsweise das Hôtel de Paris in Monte Carlo an, eine feudale Luxusherberge, in der sich die zu Ruhm gekommene Colette gerne erholte. Keinesfalls vergessen werden sollte das Pariser Palais-Royal, wo Colette von 1935 bis zu ihrem Tod fast zwanzig Jahre gewohnt hat.

»Sechzig Jahre Paris haben aus mir nichts anderes gemacht als eine Provinzlerin, die in zwanzig Arrondissements und an beiden Flußufern ihre Heimat sucht«, bekannte Colette im Alter. Und tatsächlich: Colette kam aus der Provinz. Sie verließ ihre burgundische Heimat als Zwanzigjährige. Sieht man einmal von ihren Schularbeiten und ein paar Briefen ab, so hat Colette dort nichts geschrieben, jedenfalls keine Literatur, doch blieb Saint-Sauveur-en-Puisaye ein Kosmos, aus dem sich ihre Erinnerung zeitlebens speiste.

Sidonie-Gabrielle Colette, so ihr vollständiger Name, wurde am 28. Januar 1873 in eben jenem Saint-Sauveur-en-Puisaye geboren. Ihre Mutter Adèle-Sidonie Landoy, die alle nur »Sido« nannten, war in der Puisaye bei einer Amme aufgewachsen und hatte dort später einen vermögenden, doppelt so alten Grundbesitzer geheiratet. Fortan führte sie einen großen Haushalt mit einem Zimmermädchen, einer Köchin, einer Magd, einem Gärtner und einem Kutscher.

Glücklich war die Beziehung allerdings nicht; ihr Mann Jules Robineau-Duclos war aufbrausend, neigte zur Gewalttätigkeit und war im ganzen Dorf als Trunkenbold verschrien. Jeden Tag »saß er wie betäubt an einem Tisch, auf dem immer eine Flasche Schnaps stand, die aufgefüllt wurde, sobald sie leer war«. Als er nach acht Ehejahren überraschend starb, blieben ihr nicht nur zwei Kinder, Juliette und Achille, sondern auch ein passables Erbe. Offiziell verschied Robineau-Duclos an einem Gehirnschlag, doch wurde in der Nachbarschaft gemunkelt, Sido habe nachgeholfen. Gerüchte hin, Gerüchte her: Sido war nicht gerade verzweifelt und hatte in Jules-Joseph Colette bereits einen neuen Verehrer gefunden, mit dem sie alsbald ihre zweite Ehe einging. Wahrscheinlich war Jules-Joseph schon zuvor als Erzeuger von Achille in Aktion getreten – dies dürfte auch das stets innige Verhältnis erklären, das zwischen den beiden Männern später bestand.

Colettes Vater Jules-Joseph wurde in der Nähe von Toulon geboren. Er entstammte einer Familie von Marineoffizieren und war Soldat aus Überzeugung. Schon in jungen Jahren trat er in die Militärakademie Saint-Cyr ein. Als Mitglied eines Zuavenregiments hatte er sich in Algerien durch außergewöhnliche Tapferkeit verdient gemacht und wurde zum Hauptmann befördert. Doch seine militärische Karriere endete abrupt, nachdem er 1859 im Krieg um die Vorherrschaft in Italien sein linkes Bein verloren hatte. Gewissermaßen als Entschädigung für seine Verdienste wurde der Invalide von Napoléon III. persönlich mit dem Band der Ehrenlegion ausgezeichnet und zum Steuereinnehmer von Saint-Sauveur-en-Puisaye ernannt. Die Begeisterung für sein neues Amt hielt nicht lange an, die trockene Arbeit gefiel Jules-Joseph Colette wenig, und die Bauern im Burgund blieben dem aus Toulon stammenden Südfranzosen fremd. An Politik stark interessiert, kandidierte er später vergeblich für den Generalrat des Département Yonne.

Jules-Joseph und Sido heirateten noch vor Ende des offiziellen Trauerjahrs. Sidos erstes Kind, das den Namen Colette trug, war ein Junge namens Léopold; ein paar Jahre später gesellte sich noch eine Tochter hinzu, die auf den Namen Sidonie-Gabrielle getauft wurde. Ihre Eltern riefen sie liebevoll »Bel-Gazou«, was auf provenzalisch so viel wie »süßes Plappern« bedeutete. Die Nachzüglerin war ein hübsches, aufgewecktes Mädchen, dessen dunkler Teint an die antillischen Vorfahren ihrer Mutter erinnerte.

Geboren und aufgewachsen ist Colette in der Rue de L'Hospice, in einem grauen Steinhaus »mit anmutlosen Fenstern«, das sie in *Claudines Mädchenjahre* ausführlich beschrieben hat: »Das Haus war groß und hatte einen hohen Giebel. Die steile Neigung der Straße zwang Ställe und Wagenschuppen, Hühnersteigen, Waschküche und Milchkeller, sich tiefer unten rings um einen geschlossenen Hof zusammenzudrängen.« Vergleicht man das Haus mit den niedrigen Häusern, die sich in der Straße aneinanderreihen, so ist der repräsentative Charakter des Gebäudes nicht zu leugnen. In einer Epoche, als noch Steuern auf Fenster und Türen erhoben wurden, wollten die Vorfahren von Sidos erstem Mann mit den elf, zur Straße zeigenden Fenstern ihren Reichtum demonstrieren. »Die geschwärzte, unschöne Hauptfassade ... zeigte eine doppelte Freitreppe und große Fenster; es war ein Bürgerhaus in einem alten Dorf, aber der steile Abhang der Straße erschütterte ein wenig seine Würde, und seine Freitreppe hinkte, sechs Stufen links, zehn auf der anderen Seite.« Zum Haus gehörten noch diverse Nebengebäude, das Waschhaus sowie Pferde- und Hühnerställe.

Im modernen Sinne komfortabel lebten die Colettes aber keineswegs – um zur Toilette zu gelangen, mußte man ein

Häuschen im Garten aufsuchen. Das Schlafzimmer der Eltern – »nicht gerade einladend und eher unbehaglich« – befand sich neben dem Salon im Erdgeschoß. Daran angrenzend wohnte Sidonie-Gabrielle in einem kleinen, als Portierszimmer gedachten Raum mit dicken Dachbalken und Fliesen direkt über der Einfahrt. Erst nachdem ihre ältere Stiefschwester geheiratet hatte, erhielt sie deren im ersten Stock gelegenes Zimmer, »dessen hellgraue Wände mit Kornblumen besternt waren«. Colette war glücklich. Das neue Zimmer war größer, verfügte über ein Ankleidekabinett und ein Bett mit Spitzenbaldachin.

Durch die Bücher ihrer Mutter fand Colette einen ersten Zugang zur Welt der Literatur. »Ich brauche nur die Augen zu schließen, um nach so vielen Jahren das mit Büchern tapezierte Zimmer vor mir zu sehen. Seinerzeit konnte ich die einzelnen Bände auch im Finstern unterscheiden. Ich bedurfte keiner Lampe, um mir am Abend eines der Bücher zu wählen, es genügte mir, die Regale entlang zu tasten. Zerstört, verloren oder gestohlen, kann ich sie heute noch aufzählen. Fast alle waren schon da, als ich zur Welt kam. ... Auf halber Höhe glänzten Musset, Voltaire und die vier Evangelien in braungegerbtem Schafleder. Littré, Larousse und Becquerel wölbten ihre Rücken wie schwarze Schildkröten. ... Zwei kräftige erdfarbige Bände enthielten Elisée Reclus. Musset und Voltaire waren marmoriert, Balzac schwarz und Shakespeare olivgrün.«

Eine Leseratte wurde Colette dennoch nicht. »Bücher, Bücher, Bücher ... Nicht etwa, daß ich viel gelesen hätte. Ich las immer wieder nur dieselben. Aber alle waren mir notwendig. Ihr Vorhandensein, ihr Geruch, die Buchstaben ihrer Titel, die Beschaffenheit ihres Leders.« Colettes lebenslange Begeisterung für Balzac nährte sich aus ihrem kindlichen Leseglück. Bildung hatte einen hohen Stellenwert in ihrem Elternhaus; ihr Vater verfaßte für zahlreiche Zeitschriften historische und geographische Aufsätze. Laut Colette hatte er sich zeitlebens eine poetische Ader bewahrt und liebte es außerdem, schlüpfrige Anekdoten zu erzählen.

Saint-Sauveur-en-Puisaye liegt zwar im Burgund, doch ist es nicht das liebliche Burgund der Weinbauern. Die Puisaye war im 19. Jahrhundert ein armer Landstrich, der bei der Pariser Bourgeoisie in dem Ruf stand, die besten Ammen hervorzubringen. Ausgedehnte Wälder, Getreidefelder und eine fischreiche Seenplatte prägen bis heute das Landschaftsbild. In den Dörfern der Puisaye blickte man neidisch auf den Reichtum der Nachbarregionen, der sich hinter den wohlklingenden Namen Beaujolais, Beaune und Chablis verbarg. Saint-Sauveur hatte nicht einmal einen Bahnanschluß. Saint-Sauveur war Provinz, tiefste Provinz.

Doch dank Colette hielt Saint-Sauveur-en-Puisaye als »Montigny-en-Fresnois« Einzug in die Literaturgeschichte. In ihrem Roman *Claudine erwacht* zitiert Colette ein imaginäres Heimatkundebuch: »Montigny-en-Fresnois, ein liebliches 1950 Einwohner zählendes Städtchen, von den Ufern der Thaize im Halbrund terrassenförmig ansteigend; bemerkenswert ein wohlerhaltener Turm sarazenischen Ursprungs.«

Unmißverständlich gibt Claudine zu verstehen, was sie von solchen touristischen Beschreibungen hält: »Wer hat zum Beispiel je die Thaize gesehen? Niemand, und das mit gutem Grund: sie ist nicht vorhanden. Ich weiß, ich weiß, bei der Bahnübersetzung sollte sie von Rechts wegen ein paar Wiesen durchfließen, aber in Wirklichkeit reicht es dort nicht einmal für ein Spatzenfußbad, weder im Sommer noch im Winter. Auch das ›terrassenförmig ansteigende Halbrund‹ sehe ich ganz anders. Wenn Sie mich fragen, so ist das ein Holterdiepolter von Häusern, ein Gestolper und Gepurzel hügelabwärts, vom großen weißen Schloß – es wurde unter Ludwig XV. umgebaut und ist heute schon in traurigerem Zustand als der niedrige efeuumsponnene ›Turm sarazenischen Ursprungs‹, der von Tag zu Tag sachte an Höhe verliert – bis hinunter ins Tal, über grünes, stufenförmig abfallendes Land. Außerdem ist Montigny gar kein Städtchen, sondern nur ein Dorf, dessen Straßen noch niemals einen Pflasterstein gesehen haben (Gott sei Dank!), sich nach jedem Regen in kleine Wildbäche verwandeln und binnen zweier Stunden wieder staubtrocken sind. Ja, Montigny ist ein Dorf, ein ziemlich reizloses obendrein, aber dennoch liebe ich es aus ganzer Seele.«

Saint-Sauveur liegt am Osthang eines Hügels, der sich aus einem sumpfigen und waldreichen Landstrich erhebt. Hier ein paar Tümpel, dort ein paar Felder – mehr gibt und gab es nicht. Die Gassen sind eng und steil, die zumeist zweistöckigen Häuser im Ortskern wirken farblos; ihre großen Gärten sind von Mauern aus rotem Sandstein umgeben. Kaum zwanzig Häuser ohne Garten habe es in Saint-Sauveur gegeben, schrieb Colette in *Sido*, dem Porträt ihrer Eltern. In ihrer Rückschau stilisierte sie den ländlichen Garten zum Inbegriff eines vom Rhythmus der Jahreszeiten bestimmten Lebens. »Hier lebte man im Sommer, hier wurde gewaschen, im Winter wurde Holz gehackt, zu jeder Jahreszeit wurde hier gearbeitet, und die Kinder, die in den Schuppen spielten, saßen wie Hühner auf den Leitern der ausgespannten Heuwagen.«

Schon als Kleinkind lernte sie unter Anleitung der Mutter, einer überzeugten Landbewohnerin (»Warum sollte ich mein Dorf verleugnen?«), die Tiere zu lieben, die Natur zu würdigen und alte Bauernregeln anzuwenden: Ob es regnen werde, zeigte ein Barometer aus Haferkörnern an, aus der Zahl der Zwiebelschalen wiederum ließ sich eine Vorhersage für den kommenden Winter treffen, und wenn die Katze die Pfoten einbog, war das ein Zeichen dafür, daß frostige Nächte nahten.

Der heimische Garten in Saint-Sauveur war Colettes Lieblingsort: »Wenn ich mich auf die Gartenmauer stützte, konnte ich mit dem Finger an das Dach des Hühnerstalles tippen. Aus dem oberen Garten blickte man in einen engen, warmen Gemüsegarten hinunter, in dem Auberginen und spanischer Pfeffer wuchsen und der Duft der Tomatenblätter sich im Juli mit dem der reifen Aprikosen an den Spalieren vermischte. Im oberen Garten ein Zwillingstannenpaar, ein Nußbaum, dessen unduldsamer Schatten die Blumen tötete, Rosen, vernachlässigte Rasenplätze, eine verfallene Laube ... Ein starkes Gitter im Hintergrund hätte die beiden Gärten gegen die Rue des Vignes hin abschließen sollen; doch habe ich dieses Gitter nie anders gekannt als gänzlich verbogen, aus dem Zement der Mauer herausgerissen, von den unsichtbaren Armen einer hundertjährigen Glyzine erfaßt und in die Luft gehoben.«

Hier, in der Provinz, sammelte Colette einen Schatz an inneren Bildern einer glücklichen Kindheit auf dem Lande; später griff sie in ihren Romanen immer wieder auf diese reichen Erinnerungen zurück. Colette genoß eine unkonventionelle Erziehung; sie war ein richtiges Landkind, streifte durch Wiesen und Wälder, sammelte Blumen auf den Feldern und beobachtete stundenlang Insekten, Vögel und ihre über alles geliebten Katzen. Jeden Tag zog sie los, um die Umgebung von Saint-Sauveur zu erkunden. »Die herrlichen Wälder! Ich kenne und liebe sie alle, ich habe sie unzählige Male durchstreift. Da ist das Unterholz, hinterlistiges Gestrüpp mit krallengleichen Zweigen, sonnendurchflutete Heimstätte der Erdbeeren, Maiglöckchen und – Schlangen.« Auch am Sonntag blieb sie nicht zu Hause. Die Familie unternahm oft einen Ausflug, damit Co-

*Im Château Saint-Sauveur wurde
Colettes Pariser Wohnung rekonstruiert*

lettes Vater an einem der vielen Seen seine Angelrute auswerfen konnte.

Trotz aller Freiheiten war Sidonie-Gabrielle das von der Mutter umsorgte Nesthäkchen. Im Gegensatz zu ihren Geschwistern wurde sie nicht auf ein Internat geschickt. Auf Wunsch ihres republikanisch gesinnten Vaters sollte Colette die alte Dorfschule besuchen; damit demonstrierte die Familie öffentlich, wie ernst sie ihr Engagement für die laizistische Pflichtschule verstand. Das Schulhaus war mit all seinem Gestank und »seinen unglaublich häßlichen, schmutzstarrenden Räumen« dem Verfall preisgegeben, ein Neubau geplant. Ihre Schulzeit auf den durchgebogenen Bänken hat Colette später in *Claudine erwacht* ausführlich geschildert. »Mein erster Winter in der Schule war ein harter Winter«, erinnerte sie sich. »Mein Schulweg führte zwischen zwei Schneewänden hindurch, die mich bei weitem überragten.« Eine typische Dorfschule mit nur zwei Klassen, »eine für die Großen, eine für die Kleinen«, wie man sie überall im ländlichen Frankreich finden konnte. »An Schulkameraden meinesgleichen hat es mir immer gefehlt«, klagt sie in *Claudines Mädchenjahre* und liefert gleich die Begründung nach: »Die wenigen gutbürgerlichen Familien von Montigny geben ihre Kinder in die Kreisstadt ins Internat, das gehört zum guten Ton. Deshalb blieb unsere Schule den ziemlich ungewaschenen Töchtern der ortsansässigen Krämer, Gendarmen, Arbeiter und Bauern vorbehalten.«

Obwohl sie eine gute Schülerin war, wechselte Colette auch später nicht nach Auxerre auf eine weiterführende Lehranstalt; der klassische Bildungskanon spielte in ihrer Ausbildung keine Rolle. Doch brillierte sie in der Abschlußprüfung im französischen Aufsatz. Entscheidender sind jedoch die Erfahrungen der Schulzeit, die Colette in *Claudine erwacht* beschrieb. Mit der aufmüpfigen, sinnlichen

Titelheldin, die um Selbstbestimmung ringt, hat Colette den modernen Teenager erfunden.

Die unbedarfte Kindheit näherte sich ihrem Ende. Seit der Hochzeit von Colettes Schwester schoben sich dunkle Wolken über Saint-Sauveur. Es gab Streitereien zwischen Sido und ihrer Tochter aus erster Ehe. Es ging ums Geld. Juliette, oder besser ihr Mann Charles Roché, forderte ihren Anteil am Robineauschen Erbe. Nach längeren juristischen Auseinandersetzungen erhielten Juliette und Achille jeweils ein Drittel des väterlichen Besitzes zugesprochen, der Rest fiel an Sido. Dies stellte für die Colettes eine empfindliche Einbuße dar. Hinzu kam, daß der seit mehreren Jahren als Privatier lebende Hauptmann sein Vermögen aufgezehrt hatte, als er in einem kostspieligen, aber vergeblichen Wahlkampf versucht hatte, zum Bürgermeister von Saint-Sauveur gewählt zu werden. Immer tiefer schlitterten die Colettes in finanzielle Schwierigkeiten. Unfähig in der Verwaltung ihrer Ländereien und seit jeher verschwenderisch lebend, hatten Sido und der Hauptmann über Jahre hinweg Schulden angehäuft. Jetzt mußten sie Weinberge, Wälder und Häuser verkaufen, um ihre Verbindlichkeiten zu begleichen.

Als Colette siebzehn Jahre alt war, verließ die Familie Saint-Sauveur. Das Mobiliar wurde versteigert, sowohl aus Geldmangel als auch, weil das neue Heim viel kleiner war. Glücklicherweise fühlte sich Colettes Halbbruder Achille, der im nahen Châtillon-sur-Loing (heute Châtillon-Coligny) als Landarzt praktizierte, für seine Familie verantwortlich und erwarb für seine Eltern ein kleines Haus in eben diesem Châtillon.

Der Umzug dorthin sollte sich als wegweisend für Colettes zukünftiges Leben erweisen. In Châtillon verliebte sie sich 1880 in einen Freund von Achille, den Verlegersohn Henry Gauthier-Villars, genannt »Willy«. Ob und wann die beiden vorher schon in Paris zusammengetroffen sind, ist ungewiß, die Aussagen widersprechen sich. Fest steht: Willy war vierzehn Jahre älter als Colette und hatte ein uneheliches Kind aus einer früheren Beziehung; die Mutter hatte sich selbst getötet, und so suchte er für seinen Sohn in Châtillon eine Amme.

Henry Gauthier-Villars war eine gute Partie; er stammte aus einem vornehmen Pariser Haus, interessierte sich für Kunst und schrieb Literatur- und Musikkritiken für renommierte Zeitschriften. Dementsprechend groß war das Entsetzen auf Seiten der Familie Gauthier-Villars, als Willy verkündete, er habe sich mit einer verarmten, siebzehnjährigen Landschönheit ohne Mitgift verlobt. Colette fuhr nach Paris, spazierte mit Willy nachts über die Boulevards, amüsierte sich mit ihm in den Cafés der Boheme und wußte. »Ich sterbe, wenn ich nicht deine Geliebte sein kann!«

Dann ging alles ganz langsam. In den nächsten drei Jahren sahen sich Colette und Willy nur selten. Willy vergnügte sich derweil mit einer Mätresse in Paris. Was er für Colette empfunden hat, ist unklar, die große Liebe schien es für ihn aber nicht gewesen zu sein. Fühlte er sich ihr gegenüber verpflichtet, hatte er sich der Minderjährigen unsittlich genähert und wurde deswegen von der Familie Colette unter Druck gesetzt?

Wie dem auch immer gewesen sein mag: Für Colette verkörperte Willy den Zugang zur großen Welt. Am 9. Mai 1893 heiratete sie in Châtillon-sur-Loing diesen »bereits alternden Mann mit blauen Augen, einem unergründlichen Blick und einem schrecklichen Hang zur Rührseligkeit«. Die Eltern des Bräutigams waren nicht erfreut; sie blieben der Hochzeit demonstrativ fern und drängten ihn aus dem Familienunternehmen.

Das junge Paar zog nach Paris, Colette vermißte ihre burgundische Heimat: »Ich gehöre zu einem Land, das ich verlassen habe.« Hinzu kam, daß sie, vom Alltag ernüchtert, schnell unter ihrer Ehe zu leiden begann. Ihrer eigenen Aussage zufolge war das erste Ehejahr die unglücklichste Zeit ihres Lebens. Sie schildert, wie an der Seite des eitlen Selbstdarstellers, der Colette als »Naturkind« in die Pariser Salons einführte, kein Platz für ihre eigenen Interessen war. Willy pflegte seine diversen Liebschaften, rügte Colette für ihre Tischsitten und behandelte sie auch in Gesellschaft wie ein kleines Kind. Andererseits entdeckte Willy das literarische Talent seiner Frau. Ohne Willy wäre Colette wohl niemals Schriftstellerin geworden. Ständig in Geldnot lebend, hat er sie dazu ermuntert, Episoden aus ihrer Schulzeit aufzuschreiben. Um ihn zufriedenzustellen, begann Colette, ihre Erinnerungen an ihr Kindheitsparadies Saint-Sauveur festzuhalten. Sogar vor Ort wurde nochmals »recherchiert«. Colette und Willy verbrachten im Juli 1896 auf Einladung der Rektorin einige Ferientage im neuen Schulhaus von Saint-Sauveur. Fünf Jahre lagen die unangenehmen Ereignisse zurück, durch die Colette und ihre Eltern gezwungen waren, ihren Heimatort zu verlassen. Die Rückkehr war ein Triumph. Colette hielt eine Rede auf der Abschlußfeier, die Schülerinnen waren begeistert von der elegant gekleideten Frau und ihrem weltmännischen Ehemann.

Nach Paris zurückgekehrt, machte sich Colette weiter an die Arbeit und schrieb mehrere Hefte voll. Doch Willy war vom Ergebnis enttäuscht. Nach einer kurzen Lektüre ließ er die Notizbücher in einer Schreibtischschublade verschwinden. Erst drei Jahre später, als das Manuskript durch Zufall ein zweites Mal in seine Hände geriet, will Willy das schriftstellerische Potential seiner Frau erkannt haben. Als erfahrener Autor und Journalist brachte er hier und dort Korrekturen an und forderte Colette auf, ein paar

Colette; ein Jugendfoto

pikante, erotische Szenen einzuflechten. So entstand der berühmte Roman über ein sinnliches Schulmädchen, das ihre Klassenkameradinnen tyrannisiert, »gemein und süchtig nach Emotionen«.

Ein Verleger war dank Willys Kontakten schnell gefunden. Im März 1900 – Colette ist 27 Jahre alt – liegt ihr erstes Buch *Claudine à L'école* (dt. *Claudine erwacht*) in den Buchhandlungen aus. Auf dem Cover ist selbstverständlich »Willy« als Verfasser angegeben. Überraschenderweise entwickelt sich das Buch zum Bestseller. Die Kritiker zeigten sich ebenfalls begeistert, und so waren schon nach zwei Monaten 40 000 Exemplare verkauft. Nun forderte Willy eine Fortsetzung der Claudine-Geschichte. Hierzu schloß er Colette in der gemeinsamen Wohnung ein, derweil er sich amüsierte und als Autor feiern ließ. Sich auf den Lorbeeren anderer auszuruhen, war nichts Ungewöhnliches für Willy. Seit Jahren unterhielt er eine »literarische Werkstatt« und beauftragte mehrere »Ghostwriter«, überarbeitete ihre Texte, fügte Plots und Wortspiele ein.

Gehorsam fügte sich Colette und produzierte jedes Jahr einen neuen »Claudine-Roman«, insgesamt vier an der Zahl. Weitere Bücher und Theaterstücke folgten, bis sich Colette im Jahre 1906 endlich soweit emanzipiert hatte, daß sie sich von ihrem Ausbeuterehemann lossagte. Für immer. Die Scheidung erfolgte aufgrund »wechselseitiger Verfehlungen«, Streitereien um die Urheberrechte schlossen sich an. Von Willy hatte sich Colette getrennt, der Puisaye fühlte sie sich immer verbunden.

Im Jahre 1925 kehrte Colette noch einmal nach Saint-Sauveur-en-Puisaye zurück, als an ihrem Elternhaus eine rosa Marmortafel mit der Aufschrift »Hier wurde Colette geboren« feierlich enthüllt wurde. Ein Seidenfabrikant hatte das zum Verkauf stehende Anwesen erworben und die von ihm verehrte Schriftstellerin wissen lassen, daß ihr das Haus zur Verfügung stünde, sollte sie irgendwann darin wohnen wollen. Obwohl Colette an der Enthüllung teilnahm, weigerte sie sich, das Haus zu betreten, da sie sich ihre Erinnerungen bewahren wollte. »Mein Haus bleibt für mich das, was es immer war: eine Reliquie, ein Schlupfwinkel, eine Festung, das Museum meiner Jugend.«

Nun, zum Museum sollte Colettes Elternhaus nie werden. Es blieb stets in Privatbesitz und wurde zuletzt von einem Arzt bewohnt. Jetzt steht es leer und verlassen an der abschüssigen Straße, die Fensterläden sind verschlossen, nur zwei Terrakottablumentöpfe stehen etwas verloren vor dem Haus. Ein tristes Szenario, das sich nahtlos in das Bild eines Dorfes fügt, in dem fast jedes vierte Haus verlassen und vernagelt ist. Nicht nur wer an einem Regentag durch die Straßen von Saint-Sauveur streift, weiß, weshalb Colette nicht mehr zurückkehren wollte. Unter der Landflucht hat Saint-Sauveur seit Jahrzehnten zu leiden, nur am Mittwoch, wenn Markttag ist, kommt etwas Leben in den 1000-Seelen-Ort. Gelegenheit zur Zerstreuung findet sich kaum. Am Rande des abschüssigen Marktplatzes gibt es zwei »Restaurants«, wobei die Bezeichnung übertrieben wirkt: Das eine Lokal glänzt mit roten Plastiktischen samt weißen Stühlen, beim anderen sind die Tische weiß und die Stühle grün. Einladend wirken nur die Bäckerei und der kleine Park neben dem Château von Saint-Sauveur, einem repräsentativen Bauwerk, das einst die Herzöge von Burgund als militärischen Vorposten errichtet hatten. Der von Colette beschriebene »Sarazenenturm« steht noch immer direkt neben dem Château: Der runde Donjon wird derzeit für 350 000 Euro vor dem endgültigen Verfall bewahrt.

Die großzügigen Räumlichkeiten des Schlosses hatte schon Colettes einzige Tochter im Auge, als sie sich nach dem Tod ihrer berühmten Mutter (3. August 1954) um die Einrichtung eines Museums bemühte. Doch erst in den achtziger Jahren wurde Colette von ihrem Heimatort mit einer Dauerausstellung gewürdigt. In Ermangelung geeigneterer Örtlichkeiten entschloß man sich, das Musée Colette im Château von Saint-Sauveur einzurichten, und zog dabei alle museumsdidaktischen Register.

Stimmungsvoll ist bereits der Treppenaufgang in blaues Licht – Colettes Lieblingsfarbe – getaucht, auf den Setzstufen sind die Titel ihrer Bücher zu lesen, und ihre überdimensional groß reproduzierten Augen blicken den Besucher an. Hunderte von Photos dokumentieren die verschiedenen Abschnitte aus Colettes Leben. Den Höhepunkt der Ausstellung bildet eine originalgetreue Rekonstruktion ihrer Wohnräume im Pariser Palais-Royal sowie eine imaginäre Bibliothek mit ihren Werken. Colettes Sammlung von bunten Glaskugeln und Schmetterlingen sowie ihre Lesebrille und ein blauer Tonkrug mit ihren Schreibutensilien sind ebenfalls zu bewundern. Und wer sich aus den obersten Fenstern des Schlosses beugt, kann einen Blick auf Dach und Garten von Colettes Kindheitsparadies werfen.

Anreise: Saint-Sauveur-en-Puisaye liegt 50 Kilometer südwestlich von Auxerre im Département Yonne. Auxerre befindet sich an der A 6, die von Paris nach Beaune führt. Das Geburtshaus von Colette steht in der Rue Colette – ehedem Rue de L'Hospice – und trägt wie schon zuvor die Hausnummer 6.
Öffnungszeiten: Das Musée Colette im Château Saint-Sauveur ist von April bis Oktober tgl. außer Di von 10-18 Uhr, von November bis März nur Sa und So von 14-18 Uhr geöffnet. www.centre-colette.com

Das Land der Stille

George Sand in Nohant

Die Reise zu George Sand führt mitten ins Herz Frankreichs, in die Region Berry. Einst benötigte die Postkutsche von Paris mehrere Tage; heute sind es mit dem Auto noch ganze vier Stunden. Vier gemächliche Stunden, zumeist über Landstraßen hinweg, während derer sich das ländliche Frankreich in seiner ganzen Schönheit ausbreitet. Orléans und die Kathedralenstadt Bourges sind passiert, das Tal der Loire längst überquert, wenn im Geflecht der kleinen Departementstraßen ein Schild den Weg nach »Nohant« weist.

Nohant – das ist Dorf und Château zugleich. Inmitten des Weilers steht ein zweigeschossiges Schloß, etwa dreißig Meter breit, mit streng gegliederter Fassade, an das sich ein Dutzend kleiner Steinhäuser mit moosbewachsenen Ziegeldächern und eine mittelalterliche Kirche schmiegen. Direkt an die Kirche schließt sich der kleine Dorfplatz an, der im Schatten mächtiger Ulmen liegt.

Schon im 13. Jahrhundert stand in Nohant eine Burg, von der nur noch ein kleiner Turm auszumachen war, als die 45jährige Marie-Aurore Dupin de Francueil den im Berry gelegenen Landsitz erwarb. Obwohl unlängst verwitwet und von der Revolution gebeutelt, verfügte sie 1793 noch immer über genügend finanzielle Mittel, um auf dem Land ein standesgemäßes Leben führen zu können. Ein paar Baumaßnahmen wurden angeordnet: Madame Dupin ließ die Gräben einebnen, ein paar störende Mauern abreißen und eine Terrasse an der Westseite des Hauses aufschütten, um Gäste im würdigen Rahmen empfangen zu können. Repräsentation war ihr wichtig, schließlich stammte sie vom vornehmsten europäischen Adel ab.

George Sand 1864.
Photographie von Nadar

Ihr Großvater, kein Geringerer als Friedrich August I., seines Zeichens Kurfürst von Sachsen und späterer König von Polen, hatte eine außereheliche Affäre mit der schwedischen Gräfin Aurora von Königsmark, aus der ein Sohn namens Moritz hervorging. Dieser Maurice de Saxe war der Vater von Marie-Aurore Dupin de Francueil.

Irgendwann inmitten der Revolutionswirren floh die »Bürgerin Dupin« mit ihrem Sohn Maurice aus Paris, wo sie neun Monate im Gefängnis gesessen hatte, nach Nohant. Hier, in der Provinz, gingen die Uhren langsamer, und die Bauern waren ihrer Herrschaft noch immer treu ergeben. »Das Schloß, wenn man es so nennen will – denn es ist nur ein mittelgroßes Bauwerk aus der Zeit Louis XVI – ist nicht prunkvoller als ein Landhaus und grenzt an das Dorf und den Gemeindeplatz ... Um diesen Zufluchtsort auszuschmücken, wo sie die Tage eines schon reichlich stürmischen Daseins beschließen wollte ... legte Madame Dupin einen Park, einen Weinberg, einen Garten an; sie errichtete Gewächshäuser, zog sandbestreute Alleen und Laubengänge, pflanzte Linden, Pappeln, Kastanien und Ulmen in großer Zahl«, erinnerte sich George Sand in der *Geschichte meines Lebens* an den großmütterlichen Besitz.

Genauso wie für ihre Großmutter erwies sich Nohant auch für George Sand als ein Zufluchtsort, an den sie sich zurückzog, um einschneidende persönliche oder politische Ereignisse zu verarbeiten. Die historische Provinz des Berry ist für seine ausgedehnten Getreidefelder bekannt. »Das Berry ist nicht gesegnet mit einer blendenden Natur. Weder die Landschaft noch ihre Bewohner springen durch ihre pittoreske Seite oder ihren großartigen Charakter ins Auge. Dies ist das Land der Stille und des kalten Blutes. Menschen und Pflanzen, alles ist ruhig, geduldig, langsam reifend. Suchen Sie dort keine großen Effekte und großen Leidenschaften. Sie werden weder in den Dingen noch in den Geschöpfen etwas Dramatisches finden. Es gibt weder große Felsen noch lärmende Wasserfälle, noch finstere Wälder, noch geheimnisvolle Höhlen – und noch weniger Räuber! Aber friedliche Tagwerker, verträumte Hirtinnen, große einsame Weiden.«

George Sand, die meistgelesene französische Schriftstellerin des 19. Jahrhunderts, wurde am 1. Juli 1804 als Armantine-Aurore-Lucile Dupin in Paris geboren, gerade einmal vier Wochen nachdem ihre Eltern geheiratet hatten. Mit ihrer Hochzeit setzten sich ihre Eltern über alle Standesschranken hinweg; es war eine Liebesehe, wie sie nur im revolutionären Paris möglich war. Der Vater, Maurice Dupin, verliebte sich in die fünf Jahre ältere Tochter eines einfachen Vogelhändlers, die einen unsteten Lebenswandel geführt und bereits ein Kind aus einer früheren Liaison hatte. Seiner Mutter verschwieg der als Offizier in der napoléonischen Armee dienende Maurice nicht nur die Ehe, sondern verheimlichte auch die Geburt seiner Tochter. Als Madame Dupin von der Hochzeit erfuhr, tobte sie und versuchte vergeblich, die Ehe annullieren zu lassen; einzig der Anblick ihrer Enkelin, die wie sie den Vornamen Aurore trug, besänftigte sie. Ihre Schwiegertochter Sophie-Victoire, diese »feile Dirne«, akzeptierte sie hingegen nie. Perfekte Verdrängung – waren doch ihre eigene Mutter wie auch ihre Großmutter Mätressen bedeutender Männer gewesen, die ihre Kinder unehelich zur Welt gebracht hatten.

Stolz war sie vor allem auf ihren Sohn. Oberst Maurice Dupin kämpfte als persönlicher Adjutant von Napoléons Schwager Murat in Spanien gegen die Aufständischen. Im April 1808 brach die hochschwangere Sophie-Victoire Dupin zusammen mit ihrer Tochter Aurore nach Madrid auf, um dort ihr drittes Kind, einen Sohn, zu entbinden. Doch

Blick vom Innenhof auf George Sands Château

in Anbetracht der sich zuspitzenden politischen Lage floh Sophie-Victoire nach der Geburt mit ihren Kindern durch verwüstete Landstriche und niedergebrannte Dörfer zurück nach Frankreich. Ausgemergelt, fieberkrank und mit Krätze angesteckt, retteten sich die drei zur Großmutter nach Nohant, wo sie Ende August eintrafen. »Als wir in den Hof von Nohant einfuhren, kam ich wieder zu mir. Es war hier sicher nicht so schön wie im Madrider Palast, aber es machte auf mich denselben Eindruck, so imposant ist ein großes Haus für Kinder, die in kleinen Zimmern aufgewachsen sind ... Es war das erste Mal, daß meine Mutter und ich in Nohant empfangen wurden ... Obwohl ich meine Großmutter schon früher gesehen hatte, kann ich mich an sie vor diesem Tag nicht erinnern ... Sie trug mich in ihr Zimmer, und diese vortreffliche Frau, die sonst so empfindlich und penibel war, legte mich ohne Abscheu vor dem schrecklichen Zustand, in dem ich mich befand, auf ihr Bett. Dieses Bett und dieses Zimmer, das damals neu eingerichtet war, schienen mir ein Paradies. Die Wände waren mit großgeblümtem Kattun überzogen, alle Möbel waren aus der Zeit Louis XV. Das Himmelbett hatte große Federbüsche an den vier Ecken, doppelte Vorhänge, eine Menge Schnitzwerk, Kissen und Garnierungen, deren Pracht und Feinheit mich in Erstaunen setzten«, so rekonstruierte George Sand ihre Ankunft in ihren Lebenserinnerungen.

Doch wenige Wochen später war das junge Familienglück zerstört. Erst starb der Bruder Auguste, dann der Vater an den Folgen eines Reitunfalls. Die Konflikte zwischen den beiden so unterschiedlichen Frauen spitzten sich zu. Finanziell notleidend, willigte Sophie-Victoire ein, der Großmutter, die ihre Schwiegertochter weiterhin als nicht standesgemäß empfand, die Vormundschaft für Aurore zu übertragen. Im Gegenzug erhielt sie eine kleine Rente ausgesetzt und konnte sich in Paris um ihre andere Tochter kümmern.

Aurore stand fortan ganz unter der Obhut der Herrin von Nohant. Die Großmutter legte Wert auf eine gute Erziehung, in der Hoffnung, daß sich Aurore so zu einer würdigen Erbin ihres Landsitzes in Nohant entwickeln würde. Sie untersagte schon dem kleinen Mädchen, die Bediensteten zu duzen, und wollte selbst in der dritten Person angeredet werden. Ihre leibliche Mutter sah Aurore nur noch im Sommer, wenn diese Paris verließ, um ihrem Kind einen Besuch abzustatten. Unter der Trennung von ihrer Mutter hat Aurore zeitlebens gelitten, wenngleich sie in Nohant wohlbehütet und in weitgehender Freiheit aufwuchs. Ihre schulische Ausbildung erhielt sie durch den ehemaligen Erzieher ihres Vaters und verschiedene Privatlehrer. Als Aurore vierzehn Jahre war, schickte sie die Großmutter für zwei Jahre nach Paris in das Kloster der Englischen Augustinerinnen, um ihre Ausbildung zu verfeinern und sie mit den standesgemäßen Umgangsformen vertraut zu machen. Zurück in Nohant, stillte Aurore ihren Wissensdurst durch philosophische Lektüre und anspruchsvolle literarische Werke.

Durch den Tod ihrer Großmutter erbte sie, siebzehnjährig, das Landgut Nohant mit seinem 400 Hektar großen Grund sowie das Hôtel Narbonne, ein vornehmes Bürgerpalais in Paris. Aufgewühlt und orientierungslos pendelte Aurore zwischen Paris und Nohant, zwischen ihrer launischen Mutter und befreundeten Familien hin und her. Schließlich ergriff sie nach wenigen Monaten die Flucht nach vorne und suchte Halt im scheinbar sicheren Hafen der Ehe. Doch ihr Gatte, der neun Jahre ältere Casimir Baron Dudevant, entpuppte sich schnell als ein Blender und ungehobelter Chauvinist. Schlimmer noch: Trotz seines Adelstitels war er ohne Vermögen.

Der Eßsalon in Nohant

Von der Hochzeitsnacht ernüchtert, saß Aurore in ihrem Schloß und zog Bilanz: »Nohant ist ein karger Landsitz ... und sozusagen vollgesogen von Melancholie ... Dieses schöne, reichlich besiedelte und gut gebaute Land war vollkommen düster, und mein Mann war gleichsam überrascht und erschreckt von der feierlichen Stille, die über unseren Feldern lastet ... Ich habe dieses Land, diese Natur und diese Stille immer geliebt. Ich genieße nicht nur ihren Reiz, ich ertrage auch ihr Gewicht, und ich kann es nur mit Mühe abschütteln. Aber mein Mann war nicht geboren für die Meditation und das Studium.« Zum Mißfallen von Aurore nahm Casimir die Verwaltung des Gutes in die Hand. Ordnung war angesagt, der Schlendrian der Dienerschaft hörte auf. Casimir ließ die Zimmer instand setzen und die Gartenwege neu anlegen, doch zum Entsetzen seiner Frau wurden morsche Bäume verbrannt, alte und stinkende Hunde getötet und ausgediente Pferde verkauft.

Zwei Kinder, Maurice und Solange, gingen aus der Ehe hervor, wenngleich wiederholt angezweifelt wurde, daß Casimir der Vater des jüngeren, Solange, war. Schon bald gingen beide Ehepartner eigene Wege. Während Casimir den Dienstmädchen nachstellte, verfolgte Aurore vor allem literarische und musische Interessen. Nach der Trennung der Dudevants erhielt Casimir das Pariser Bürgerpalais, Aurore den Landsitz Nohant. »Ich war also ganz allein in diesem großen stillen Haus ... Ich ließ alles entfernen, was mir unangenehme Erinnerungen verursachte, und stellte die alten Möbel so um, wie ich sie in meiner Kindheit gesehen hatte.«

Nachdem die Besitzverhältnisse geregelt waren, ließ Aurore den Park wieder in seinen ursprünglichen Zustand zurückversetzen. Auffallend sind die beiden mächtigen Zedern neben dem Wasserbecken, die sie anläßlich der Geburt ihrer Kinder – für Maurice im Jahr 1823 und für Solange im Jahre 1828 – gepflanzt hatte. Ihren kleinen Park liebte sie über alle Maßen. »Ich mache eine Runde im Garten, der in voller Blüte steht, Veilchen, Schneeglöckchen, Krokusse, Anemonen, alles sprießt. Der Aprikosenbaum neben dem Treibhaus blüht.«

Aurore genoß ihre wiedererlangte Freiheit, lebte abwechselnd in Nohant und in Paris, wo sie Zugang zur Kunst- und Literaturszene fand. Zusammen mit dem Jurastudenten Jules Sandeau schrieb sie den Roman *Rose et Blanche* und veröffentlichte ihn unter dem Pseudonym »Jules Sand«. Der nächste Roman *Indiana* war innerhalb von zwei Monaten fertig, und da sie ihn allein geschrieben hatte, erfand sie mit »Georges Sand« ein neues Pseudonym, wobei sie den Vornamen »Georges« (ab etwa 1833 George) in Anspielung auf »Georgeon«, eine im Berry gebräuchliche Bezeichnung für den Teufel, gewählt haben soll.

Die Schriftstellerin George Sand war geboren! In den nächsten Jahren folgte Buch um Buch, reihte sich Erfolg an Erfolg. Fortschrittlich für die Rechte der Frauen eintretend, wurde sie schnell zur Skandalautorin stilisiert. In Paris besuchte sie Theateraufführungen und Museen, saß pfeiferauchend im Café. So wie sie in Männerkleidung die bürgerliche Gesellschaft brüskierte, so begehrte sie gegen die Konventionen der Liebe auf. Im Leben wie in der Literatur. Starre und autoritäre Strukturen waren ihr verhaßt. George Sand rebellierte gegen Gott und die Familie, statt dessen setzte sie auf Freimütigkeit und Offenheit. Sie war großzügig und volksnah, nannte ihr Personal »Hausleute« statt »Domestiken«, da sie »arbeiten«, anstatt zu »dienen«. Und sie brachte ihrer Köchin das Lesen und Schreiben bei. An ihrer Tafel wurde der ärmste Bauer direkt neben einem Adeligen plaziert. Kein Wunder, daß sie mit den 1848er-Revolutionären sympathisierte und für die Gleichstellung aller Klassen eintrat.

Trotz zahlreicher Reisen und langer Parisaufenthalte bildete Nohant stets den ruhenden Pol in George Sands Leben. Hier wuchsen ihre Kinder auf, hier konnte sie ungestört schreiben oder durch die Landschaft streifen. George Sand war mit den Sitten und Gebräuchen des Berry vertraut und kannte den Dialekt und die lokalen Sagen; sie liebte dessen Täler und Flüsse, vor allem das »Vallée Noire«, das häufig den Hintergrund ihrer Bücher bildete und dessen Name von George Sand erfunden wurde. »Ich gedachte diese unschuldige Entdeckung für mich zu behalten; allein es gefiel mir, die Handlung meiner Romane oft in diesen bevorzugten Rahmen zu verlegen. Da man nun glaubt, das Schwarze Tal gäbe es nur in meinem Gehirn, will ich seine Existenz beweisen ... Es ist ein Teil des Arrondissements von La Châtre, doch dieses Arrondissement erstreckt sich viel weiter ... Das Schwarze Tal endet bei Cluis ... Auf der Seite von Cluis sind alle Höhen bewaldet, was unserer Fernsicht diese schöne blaue Farbe verleiht, die an stürmischen Tagen violett oder fast schwarz wirkt ... Diese Gegend ist eine einzige, von üppigem Gebüsch und waldigen Säumen kleingeteilte Wiese, mit prächtigem Vieh besetzt und bewässert von den kleinen Bächen, die man hier und da im Schatten des wuchernden Pflanzenwerks dahineilen sieht.«

In den Sommermonaten badete George Sand leidenschaftlich gerne in der Indre, einem Nebenfluß der Loire. »Ich stecke hier jeden Tag bis zum Kinn im Fluß und gewinne meine Kräfte völlig in diesem kalten und schattigen Gewässer wieder, das ich so sehr liebe und worin ich so viele Stunden meines Lebens verbracht habe, um mich von den allzu langen Sitzungen im trauten Zusammensein mit dem Tintenfaß zu erholen.« Als 70jährige ging sie noch im Oktober in der Indre baden, in der Hoffnung, damit ihren Rheumatismus bekämpfen zu können.

Ein weiterer Fixpunkt für George Sand war das eine Tagesreise weiter westlich gelegene Dorf Gargilesse-Dampierre, wo ihr Geliebter Alexandre Manceau 1857 »eine Hütte« gekauft und diese liebevoll eingerichtet hatte. George Sand kam gerne nach Gargilesse. »Die Häuser scharen sich um die Kirche, die auf dem mittleren Felsen aufsteigt, und ziehen sich über den Hang hinab in engen Gassen, bis zum Bett eines kleinen Gießbachs, dessen Wasser sich ein wenig weiter unten in der Creuse verliert.« In Gargilesse, so schreibt sie an ihre Tochter, »geht der Mond über dem Tal der Creuse unter, das so tief eingeschnitten ist, daß ich es nicht einsehen kann, aber das Wasser rauscht wie ein munterer Wildbach«. Zur Entspannung spazierte sie am Fluß entlang. »Zwanzig Quellen entspringen in den Falten des Felsens oder tauchen aus grasigen Winkeln zu Tage und speisen die Schönheit der umgebenden Vegetation.«

In der sogenannten »Villa Algira« in Gargilesse-Dampierre, in der sich heute ein kleines Museum befindet, schrieb George Sand unter anderem die Romane *Les beaux Messieurs de Bois-Doré* und *L'Homme de neige*. »Das Häuschen besteht aus zwei äußerst sauberen Zimmern, Eisenbetten, Binsenstühlen, Weichholztisch und ist angebaut an andere, ganz gleiche, aber weniger saubere Häuser, in denen die Bewohner des Ortes wohnen, die sehr liebenswürdig, hilfsbereit, weder kriegerisch noch bettelhaft sind ... Dieses Dorfleben im Verein mit dem wirklichen bäuerlichen Alltag scheint mir viel normaler als das Leben im Schloß, das für mich sehr kompliziert ist. Sich um nichts kümmern zu müssen in den materiellen Dingen war mir immer als ein Ideal erschienen, und dieses Ideal finde ich in meinem Zimmerchen, in dem ich gerade Platz genug habe zum Schreiben, Waschen und Schlafen.«

Wenn sie in Paris weilte, bewegte sich George Sand vor allem in Künstler- und Intellektuellenkreisen. Sieht man

Der Grand Salon mit den Familienportraits

von ihren Affären mit Alfred de Musset und Chopin ab, so unterhielt sie auch platonische Freundschaften. Honoré de Balzac schätze sie als Gesprächspartnerin und Autorin. Im Februar 1838 unternahm Balzac eine »Pilgerfahrt nach Nohant«, um die »Löwin des Berry« zu besuchen. In einem Brief an seine spätere Ehefrau Madame Hanska hielt er seine Erlebnisse fest: »Am Fastnachtsamstag abends gegen halb acht bin ich auf Schloß Nohant gelandet und habe den Kameraden George Sand im Morgenrock vorgefunden, am Kamin eines riesigen, einsiedlerischen Zimmers nach dem Abendessen eine Zigarre rauchend. Sie hatte niedliche gelbe, mit Fransen verzierte Pantöffelchen, kokette Strümpfe und eine rote Hose an. So viel über das Moralische. Was das Physische betrifft, so hatte sie sich ein Doppelkinn zugelegt wie ein Domherr. Sie hat kein einziges weißes Haar, trotz ihrer schrecklichen Erlebnisse; ihre dunkelbraune Gesichtsfarbe ist noch immer die gleiche; ihre schönen Augen haben noch denselben Glanz; wenn sie nachdenkt, wirkt ihre Miene noch genauso dumm, denn, wie ich ihr sagte, nachdem ich sie mir gründlich angeschaut hatte: ihr ganzer Gesichtsausdruck liegt im Auge. Seit einem Jahr weilt sie auf Nohant, ist tieftraurig und arbeitet enorm. Sie führt beinahe mein Leben. Um sechs Uhr morgens geht sie zu Bett und steht um Mittag auf.«

Balzac hatte recht: George Sand war eine geradezu besessene Arbeiterin, sie schrieb oft bis zur psychischen Erschöpfung. Obwohl stets mit gesundheitlichen Problemen wie Rheumatismus, Magenleiden und Migräne kämpfend, saß sie die ganze Nacht am Schreibtisch. Und wenn sie ihr Verleger François Buloz drängte, weil er auf das überfällige Manuskript wartete, dann schränkte sie ihre Schlafzeit noch weiter ein: »Ich versuche immer, mich mit Hilfe von Kaffee und Zigaretten wachzuhalten, damit ich gegen drei Uhr morgens mein Pensum geschafft habe und die wenigen

Briefe, die mir am Herzen liegen, noch schreiben kann. Ich glaube, der Kaffee wirkt inzwischen wie Opium, und der Tabak macht mich unempfindlich.« Ihr Arbeitseifer kannte keine Grenzen. Selbst wenn George Sand mitten in der Nacht einen Roman beendet hatte, legte sie keine Pause ein, sondern widmete sich umgehend dem nächsten Projekt. »Das Schreiben ist bei ihr eine Verrichtung wie das Verdauen«, lästerte Théophile Gautier, der Nohant im September 1863 kennenlernte. »Das Haus, eigentlich eher ein Schloß, ist schön mit seinem Efeu und seinem alten grauen Gemäuer; es liegt inmitten eines weitläufigen Grundstücks, zur Hälfte Park, zur Hälfte Garten. Das Ganze ist ziemlich verwahrlost, gerade so, wie ich es mag. Ich habe ein großes bequemes Zimmer mit einem ausgezeichneten Bett, einem Waschtisch und allem, was man braucht.«

Bei Balzac bedankte sie sich für dessen Besuch: »Es wäre schön, wenn Sie mir sagen könnten, daß Sie die langen Winterabende, die sie lesend in meiner Kaminecke verbrachten, in guter Erinnerung behalten haben. Für mich gehören diese Tage in die Annalen der Freundschaft und sind ein Teil dessen, was eine Behausung erst wertvoll macht.« Auch Flaubert, Turgenjew, Alexandre Dumas, Liszt, Charpentier und Eugène Delacroix gehörten zu George Sands Gästen. Letzterer hat den Garten von Nohant übrigens mehrfach gemalt.

Aus den Briefen der Besucher und anderen Zeugnissen läßt sich der Tagesablauf in Nohant gut rekonstruieren: »Um zehn wird gefrühstückt. Mit dem letzten Glockenschlag, wenn der Zeiger auf zehn Uhr weist, begibt man sich ohne weiteres zu Tisch. Madame Sand taucht als Somnambule auf, frühstückt schlafend. Danach geht man zum Kugelspiel in den Garten; das muntert sie auf. Sie setzt sich und beginnt ein Schwätzchen«, berichtete Théophile Gautier den Brüdern Goncourt über seine Erlebnisse. Der Maler Auguste Charpentier hatte ein paar Jahre zuvor ähnliche Erfahrungen gemacht: »Man führt hier das glücklichste Leben. Jedermann steht auf nach Belieben, da man sich zum Frühstück nicht versammelt ... Nach dem Frühstück arbeitet man oder besucht sich gegenseitig oder spielt eine Partie Billard, um sich zu zerstreuen.«

Dem Mittagessen wurde keine große Bedeutung beigemessen, George Sand zog sich zurück und brütete bis zum späten Nachmittag über ihrem Manuskript. Das Diner begann in der Regel schon um fünf Uhr. Nach dem Abendessen und einem Spaziergang durch den Garten versammelte sich die Gesellschaft im blauen Salon, wo die Hausherrin am Klavier klassische Stücke, spanische Weisen oder alte Volkslieder aus dem Berry spielte. Dann wurden Patiencen gelegt, Kleider geschneidert, Karten oder Domino gespielt. »Wer mag, raucht Zigaretten. Madame Sand geht mit dem gutem Beispiel voran, aber dies alles in nobelster Weise.« An lauen Sommerabenden traf man sich auf der Terrasse hinter dem Haus, um die Stille der Natur zu genießen: »Der Mond ging hinter den großen Linden unter und zeichnete im blauen Himmel die gespenstischen Silhouetten der unbewegten, schwarzen Tannen ab. Eine tiefe Ruhe lag über der Natur, die sanfte Brise bewegte sich ersterbend in den langen Grashalmen«, erinnerte sich George Sand. Die Türen zum Musikzimmer waren geöffnet, Franz Liszt saß am Klavier und spielte Schuberts *Erlkönig*: »Wir saßen alle auf der Terrasse und lauschten den manchmal lieblichen, manchmal unheimlichen Musikpassagen, die in der stillen Erhabenheit der schlafenden Natur verklangen.«

Kultur wurde auch im provinziellen Berry groß geschrieben. George Sand ließ das Schloß umbauen, um im Erdgeschoß Platz für zwei Theaterbühnen zu schaffen. Im »großen Theater« wurden in kleiner Besetzung Sprechstücke

Das Zimmer von George Sands Großmutter Aurore

aufgeführt, im »Theater der kleinen Schauspieler« entstand eine Bühne für Marionetten und Handpuppen, die von George Sand und ihrem Sohn Maurice selbst gefertigt wurden; für die Kulissen zeichnete der Landschaftsmaler Léon Villevieille verantwortlich. In manchen Jahren kamen sogar Schauspieler von den großen Pariser Bühnen nach Nohant, um die hauseigene Theatergruppe bei den jeweiligen Vorführungen zu verstärken. Viele der inszenierten Stücke, wie das im bäuerlichen Milieu spielende *Le Pressoir*, stammten von George Sand, aber auch Shakespeare, Goldoni oder Molière wurden gespielt. Wenn Schriftsteller zu Gast waren, las man sich gegenseitig aus den jeweiligen Manuskripten vor, um ihre Wirkung zu erproben. Wenn sich die Gäste um Mitternacht auf ihr Zimmer zurückgezogen hatten, füllte George Sand wieder Seite um Seite. »Ich schreibe, wie man gärtnert.«

In manchen Sommern lebten rund ein Dutzend Menschen gleichzeitig im Schloß. Manchmal mußte George Sand ihre Besucher gar im Pavillon unterbringen. »Die Einteilung der Zimmer ... ist leider so, daß ich nur wenige Freunde darin einquartieren kann. Das System vieler kleiner und enger Zimmer, die es erlauben würden, viele Leute unter einem Dach zusammenzubringen, ist in diesem Gebäude nicht angewendet worden, das für ein Landhaus ziemlich geräumig und für ein Schloß viel zu klein ist. Doch so wie es ist, eignet es sich für unsere Bedürfnisse: Immerhin haben wir in ihm zwei Malateliers, ein Zeichenatelier, eine kleine Bibliothek, ein kleines Theater mit Garderobe und ein Magazin für Bühnendekorationen unterbringen können.«

In Erinnerung an das gesellige Treiben ist die dominierende Tafel im Eßsalon noch immer festlich mit Familiensilber und ländlichem Blumenschmuck gedeckt. Das Porzellan wurde eigens für Nohant hergestellt, Kerzen in den großen Kandelabern beleuchteten die Szenerie. Nach dem Diner begab man sich in den benachbarten blauen Salon mit den Portraits der Familienmitglieder, der als Musikzimmer diente. Ein Pleyel-Klavier erinnert dort noch heute an die Zeit, als Frédéric Chopin – er verbrachte von 1839 bis 1845 den Sommer in Nohant und hat hier mehrere seiner Werke, darunter *La marche funèbre* komponiert – die Gesellschaft mit ein paar Kostroben seines Könnens unterhielt.

Im Zentrum des gesellschaftlichen Lebens von Nohant stand vor allem der Tisch im Grand Salon. »Es ist ein großer, ein häßlicher Tisch. Pierre Bonnin, der Dorftischler, hat ihn gemacht vor mehr als zwanzig Jahren ... Es ist ein Tisch, der eigentlich nach nichts aussieht, aber es ist ein ehrenwerter Tisch. Nie hat er sich vordrängen wollen, er spricht nicht, er schreibt nicht, er denkt vielleicht nicht einmal, er läßt sich nicht anmerken, aus welchem Holz er geschnitzt ist, er verbirgt seine Meinung ... Er hat seinen geduldigen Rücken für vielerlei Dinge hergeliehen! Verrückte oder kluge Schreibereien, reizende Zeichnungen oder wüste Karikaturen, Entwürfe aller Art, Studium der Blumen nach der Natur unter der Lampe, Skizzen aus dem Gedächtnis oder Notizen über den Spaziergang am Morgen, Präparieren von Insekten, Papparbeiten, Notenabschriften, Briefprosa des einen, Verspossen des anderen, Haufen von Wolle und Seide in allen Farben für die Stickerei, Dekorationsteile für das Marionettentheater, improvisierte Theaterkostüme, Schach- oder Pikettpartien, was weiß ich? Eben all das, was man neben dem Plaudern auf dem Lande im Kreise der Familie tun kann, an den langen Herbst- und Winterabenden ... Er ist gleichermaßen Studienplatz und Erholungsort der Familie, die Harmonie und die Seele des Hauses. Er ist ein Heiligtum der Intimität, fast ein häuslicher Altar.«

Auf der anderen Seite des Eßsalons schließt sich das Zimmer der Großmutter an, das George Sand auch nach deren Tod unverändert gelassen hat. Das ehemalige großmütterliche Boudoir nutzte George Sand anfangs als Arbeitszimmer. An dem Wandschrank mit dem zierlichen ausklappbaren Schreibbrett verfaßte sie ihren Roman *Indiana*. »Ich erledigte meine Schreibarbeiten an einem Schrank, der sich wie ein Sekretär öffnete und den eine Grille, durch meinen ständigen Anblick gezähmt, lange mit mir bewohnte.« Eigentlich benötigte George Sand keinen festen Arbeitsplatz. Überall waren ihre Utensilien ausgebreitet, wie Théophile Gautier bei seinem Besuch feststellte: »Sie kann sich in keinem Zimmer hinsetzen, ohne von Federn, blauer Tinte, Zigarettenpapier, türkischem Tabak und liniertem Briefpapier umgeben zu sein.«

Über eine repräsentative, in Herzform geschwungene Treppe gelangt man in den ersten Stock des Schlosses. Ein langer Korridor führt zu den Privatzimmern der Familienmitglieder. Chopins Zimmer mit der zum Schutz vor Lärm wattierten Tür blieb auch nach seinem Zerwürfnis mit der Schloßherrin bestehen. Direkt daran grenzt das Arbeitszimmer der Schriftstellerin an, die für ihre penible Ordnung bekannt war. Wenn sie bis tief in die Nacht am Schreibtisch saß, konnte sie bequem durch eine Verbindungstür in ihr Schlafzimmer gelangen. Der Baldachin über dem Bett, die Tapeten und Vorhänge in Sands Schlafzimmer zitieren alle das gleiche Motiv: »Ich habe mir Vorhänge in einem sanften Blau genäht, übersät mit weißen Medaillons, auf denen mythologische Figürchen tanzen.«

In ihrem geliebten blauen Zimmer stirbt George Sand am 8. Juni 1876; sie wurde unweit ihrer Großmutter auf dem kleinen Dorffriedhof von Nohant beigesetzt, wo auch ihre Kinder und Enkelkinder ihre letzte Ruhestätte finden sollten. Bauern aus dem Dorf trugen den Sarg, und selbst aus Paris waren Journalisten und Freunde, darunter Gustave Flaubert, angereist, um ihr die letzte Ehre zu erweisen. Auf den wuchtigen Steinsarkophag der Schloßherrin hat man zwei Namen gemeißelt: »George Sand« und: »Amantine Lucile Aurore Dupin, Baronin von Dudevant«. Dazu die beiden Orte, die ihr Leben bestimmten: »Paris« und »Nohant«.

Von ein paar kleinen Veränderungen, wie dem Einbau einer Zentralheizung und moderneren Sanitäreinrichtungen abgesehen, blieb das ursprüngliche Nohant auch nach dem Tod von George Sand erhalten. Maurice und seine Töchter lebten noch Jahrzehnte lang dort. Als Aurore Lauth-Sand, die Enkelin der Schriftstellerin, 1961 im Alter von 95 Jahren kinderlos starb, vermachte sie ihren Besitz mit allen Möbeln und Dokumenten dem französischen Staat. Nohant wurde zum historischen Monument erklärt und der Öffentlichkeit zugänglich gemacht.

Anreise: Das Berry ist in die Départements Indre und Cher untergeteilt, das zehn Kilometer nördlich von La Châtre gelegene Nohant gehört zum Département Indre.
Öffnungszeiten: Nohant ist im Juli und Aug. von 9.30-19.30 Uhr geöffnet, von April bis Juni sowie im Sept. von 9.30-12.15 Uhr und 14-18.30 Uhr, von Okt. bis März 10-12.15 Uhr und 14-16.30 Uhr.

Exotische Träume eines schreibenden Seemanns

Pierre Loti in Rochefort-sur-Mer

Rochefort-sur-Mer ist eine Stadt der Marine und der Schiffsbauer, eine weiße Rasterstadt auf sumpfigem Boden. Gegründet wurde Rochefort von Jean Baptiste Colbert, dem Finanzminister des Sonnenkönigs, der in einer weiten Schlaufe der Charante einen Kriegshafen samt Schiffswerft, Seilerei und Waffenarsenal errichten ließ. Beschützt von einem mächtigen Festungswall, entstand innerhalb weniger Jahrzehnte eine barocke Planstadt auf einem streng schachbrettartigen Grundriß, gerade so, als ob die Monotonie den Gewerbefleiß ankurbeln könne. In Rochefort triumphiert der rechte Winkel. Schattenlos verlaufen die Straßen im Zentrum, einzig ihren geometrischen Gesetzen folgend.

Wer in Rochefort aufwächst, träumt fast unweigerlich von Schiffsabenteuern und der Weite des Meeres. So erging es auch Louis Marie Julien Viaud, der am 14. Januar 1850 als drittes Kind einer alten Hugenottenfamilie geboren wurde. Das Elternhaus befand sich in einem »ruhigen, sonnigen Straßenabschnitt zwischen den kleinen weißen Provinzhäusern, der drüben bei den alten Bäumen an der Stadtmauer zu Ende ging«. Julien, der als Pierre Loti in die Literaturgeschichte eingehen sollte, war ein Nachzügler – sein Bruder Gustave war vierzehn Jahre, seine Schwester Marie gar 19 Jahre älter! – und wurde »wie eine Treibhauspflanze gehegt und gepflegt und vor allen schädlichen Einflüssen sorgfältig bewahrt«. Aufgewachsen in einem Haushalt, der von Großmüttern, Tanten und anderen weiblichen Mitbewohnern dominiert war, verbrachte Julien seine Tage fast ausschließlich im Kreise der Familie.

Abends versammelte sich die Familie vor dem Kamin im Roten Salon, wo der Vater aus der Bibel vorlas. Zum Spielen durfte Julien nur selten auf die Straße, seine Spielkameraden entstammten dem elterlichen Freundeskreis, »Provinzfreundschaften, die Generationen zurückreichen und wie ein Erbstück weiter vermacht werden«.

Im *Roman eines Kindes* schilderte Pierre Loti später die hugenottische Strenge seines Elternhauses. In geradezu proustscher Manier beschrieb er jeden Winkel und jedes Zimmer bis ins kleinste Detail, hielt Fensterausblicke über Hof und Bäume zu allen Tageszeiten fest. Eine erstarrte Kinderwelt. Abwechslung gab es nur in den Ferien, die die Familie auf dem südfranzösischen Landgut »Limoise« oder im großmütterlichen Haus auf der nahen Insel Oléron verbrachte. Der kleine Julien flüchtete in eine Phantasiewelt, gründete auf dem Dachboden ein »Museum«, für das er Steine, bunte Federn und Perlmuttermuscheln sammelte und von exotischen Ländern träumte; statt in Kinderbüchern schmökerte er in alten Bordbüchern; manchmal zog er sich stundenlang in ein Zimmer im obersten Stockwerk zurück und verzehrte sich nach dem Meer: »Während der Flutzeit, wenn das Wasser auf dem höchsten Stand war, wirkte es in der grünen Ebene wie eine Silberschnur, und die kleinen und großen Schiffe fuhren in der Ferne auf diesem dünnen Wasserstreifen in Richtung des Hafens oder der offenen See.«

Es erscheint fast schon selbstverständlich, daß Pierre Loti die Marinelaufbahn wählte, um sein Fernweh zu stillen. Unter seinen Vorfahren befanden sich viele Seeleute, und auch der Bruder Gustave war als Schiffsarzt zur See gefahren. Die Mutter ließ ihn allerdings nur schweren Herzens ziehen, denn Gustave war kurz zuvor im Alter von 27 Jahren an den Folgen einer Tropenkrankheit gestorben. Doch Loti setzte seinen Berufswunsch durch und stand

Der Renaissance-Saal in Pierre Lotis Haus

1868 erstmals auf den Planken eines Schiffes der französischen Marine. Bis zu seiner Pensionierung schnupperte er 42 Jahre lang die salzige Luft der Ozeane, erst als Fähnrich, dann als Leutnant und schließlich als Kapitän; die Türkei, Tahiti und Japan waren die realen Koordinaten seiner Sehnsuchtswelt.

Abends, im matten Licht einer Petroleumlampe, notierte Loti seine Eindrücke und Erlebnisse im sorgsam gehüteten Tagebuch. Wenn sein Schiff länger vor Anker lag, füllte er Seite um Seite mit den romanhaften Schilderungen eines weitgereisten Seemanns. Aus dem Kosenamen Loti, den ihm die Königin Pomaré auf Tahiti beim gemeinsamen Kartenspielen gegeben haben soll, machte er sein Schriftsteller-Pseudonym: Pierre Loti, wobei der Vorname Pierre (»Stein«) in Anlehnung an Roche (»Felsen«) auf seine Heimatstadt anspielte. Lotis Reisebücher sind eine Mischung aus Abenteuerromanen und phantastischen Erlebnisberichten. Ab 1879 erschienen in loser Folge seine Romane *Madame Chrysanthème*, *Islandfischer*, *Im Zeichen der Sahara* oder *Die Wüste* – sinnliche Visionen eines Suchenden. Der Held seiner Werke war er selber. Loti »recherchierte« zumeist vor Ort, so reiste er beispielsweise in Begleitung eines Arabers auf alten Pilgerpfaden über den Sinai nach Jerusalem. Vor allem der Orient und die Wüsten hatten es ihm angetan. Im Jahre 1904 veröffentlichte Loti seine wahrscheinlich poetischste Reisebeschreibung *Nach Isfahan*. Eine Kostprobe: »Die lange Persische Felswand, in die wir uns endlich über Nacht hinbegeben werden, erstreckt sich, so weit das Auge reicht, bis ans Ende des unermeßlichen Horizonts; man könnte meinen, sie sei von mutwilliger Hand mit grellen, schreienden Farben angestrichen, Gelborange oder Gelbgrün wechseln in seltsamen Streifen mit einem Rotbraun ab, das die untergehende Sonne bis zum Unmöglichen und Schrecklichen steigert, ganz in der Ferne gehen die Töne ineinander über, um als ein wunderbares Violett, der Farbe des Bischofsgewandes, wieder zu erstehen.«

Loti war ein Melancholiker, der sich in einer großangelegten Fluchtbewegung die Kostüme der Kontinente und Zeiten überstülpte: »Wirklich notwendig sind diese Verkleidungen nicht ... aber sehr viel bequemer unter der Sonne des Tages wie an den kalten Abenden, und vor allem viel malerischer, wenn man auf Dromedaren reist; und wer nicht allein ist, schuldet es seinen Gefährten, ihnen das Bild der Wüste nicht durch die lächerliche Figur eines englischen Anzuges zu verderben, und es ist fast eine Frage der Höflichkeit gegenüber dem anderen, sich nach eigenem künstlerischen Belieben zu kleiden.«

Doch ebenso stark wie Loti sich nach den exotischen Gestaden verzehrte, war sein Drang, an die vertraute Atlantikküste zwischen Brest und Biarritz, in seine Heimatstadt zurückzukehren. »Wie sehr hat es mich in der Fremde nach meinem alten Haus in Rochefort gezogen!« vertraute er seinem Tagebuch an. Rochefort war der Anker in seinem Leben. »Das ist das Fleckchen Erde, dem ich immer eng verbunden bleiben werde ...; derart, daß, wenn man es mir durcheinanderbringen würde, etwas in meinem Leben aus dem Gleichgewicht geriete, ich den Boden unter den Füßen verlöre, was für mich fast gleichbedeutend mit dem Anfang vom Ende wäre.« Im seinem geliebten Zuhause fand Lotis kindlicher Sammeltrieb ein neues Betätigungsfeld: »Ich bin eben dabei, in unserem kleinen Museum all unsere Korallen und die Andenken aus Tahiti kunstgerecht zu legen und aufzustellen, damit Du bei Deiner Ankunft alles in Ordnung findest«, schrieb er einem Offizierskameraden namens Jean.

Sammeln war in Lotis Fall keine nach innen gerichtete schwärmerische Meditation, sondern sein exaltiertes We-

Pierre Loti in orientalischer Tracht

sen verlangte danach, die eigenen Wände in ein Kuriositätenkabinett zu verwandeln. Lebendige Traumwelten, ein Panoptikum der Sinne. Auf seinen Reisen besuchte er skurrile Bazare und geschäftstüchtige Antiquitätenhändler; er kaufte Buddhastatuen, Baldachine aus Palmenblättern, handgeknüpfte Teppiche und chinesische Vasen. Selbst vor den in Damaskus entdeckten Resten einer sunnitischen Moschee machte Lotis Sammelwut nicht halt. Wenn es sein mußte, brachte er seine Schätze auch auf illegalen Wegen nach Frankreich. Daheim in Rochefort stapelten sich die Souvenirs, manchmal zum Mißfallen seiner Mutter, die ihm einen mahnenden Brief nach Griechenland schickte: »Claire und ich bitten Dich, uns endlich mitzuteilen, was mit den Giraffenfellen geschehen soll, die Du aus dem Senegal brachtest. Sie sind fast ganz verfault und sind durchaus kein Schmuck für unseren Hof.«

Wahrscheinlich wurde das Giraffenfell weggeworfen, denn Mutter Nadine hatte stets einen großen Einfluß auf Lotis Leben. Ihr zuliebe gab er auch sein Leben im Orient auf und kehrte 1877 nach Rochefort zurück. Im trüben Novemberwetter schwelgte er in Erinnerungen: »Ich habe mein Zimmer in nahezu türkischer Weise eingerichtet, und es ist angefüllt mit Kissen aus asiatischer Seide und all den kleinen Nichtigkeiten, die mir der Brand meines Hauses in Eyoub und die jüdischen Wucherer übriggelassen haben. Ein wenig gemahnt es nun an den kleinen Raum, dessen Wände mit blauer Seide bespannt waren und der nach Rosenwasser duftete, – fern dort, am Goldenen Horn ...

Ich lebe viel in meinen vier Wänden, und das sind die stillen Stunden meines Lebens. Umhüllt von den Rauchschwaden meiner langen Pfeife, träume ich dann von Stambul und von den schönen durchsichtig grünen Augen meiner lieben kleinen Aziyadé.«

Die »schönen durchsichtig grünen Augen«, die Loti erblickte, als Aziyadé, die eigentlich Hakidjé hieß, den Schleier der Haremsdame gelüftet hatte, ließen ihn nicht mehr ruhen. Den heimatlichen Winter vertrieb sich der Marineoffizier, indem er seine Tagebuchaufzeichnungen und Erlebnisse während des Balkankrieges zu einem Roman verarbeitete. 1879 erschien *Aziyadé* – eine Hommage an den Orient, eingebunden in eine Liebesgeschichte zwischen einem Marineleutnant und einer Odaliske. Dank der Hilfe eines Schiffers gelingt es den beiden Verliebten, sich zu einem nächtlichen Stelldichein zu verabreden. Ein flüchtiges Glück, von Melancholie überschattet.

Was lag näher, als das gesamte Haus in Rochefort zu einem Palast der Phantasie umzubauen? Allerdings mußte Pierre Loti sein Elternhaus erst einmal zurückkaufen – der Familie gehörten nur noch ein paar Räume zum Hof hin, den größten Teil hatte die Familie veräußern müssen, um die Schulden zu tilgen. Lotis Vater war vorgeworfen worden, er hätte Amtsmißbrauch betrieben und öffentliche Gelder veruntreut. Finanziell ging es dem schreibenden Marineleutnant prächtig; seine Romane hatten sich zu Bestsellern entwickelt. Lotis Wunsch stand fest: »Mein Elternhaus würde unverändert bleiben, liebevoll gepflegt werden, aber da und dort würden sich die Mauern auftun und geheime Türen zu einem Palast aus Tausendundeiner Nacht führen, angefüllt mit den Edelsteinen von Golkonda, mit meiner ganzen phantastischen Beute.«

Ein Wunsch, ein Haus. Hinter der eintönigen Fassade öffnete sich eine eigene, extravagante Welt. Zimmer für Zimmer gestaltete Pierre Loti nach seinen Vorstellungen, nur der »Rote Salon« mit den Familienportraits blieb als Erinnerung an seine Kindheit nahezu unverändert. Nach dem »türkischen Salon« folgte ein »arabisches Schlafgemach«, dann eine heute nicht mehr existierende »japanische Pagode«. Die Ausstattung entspricht allerdings weniger ästhetischen Kriterien, sondern folgt Lotis persönlichem Eklektizismus. Es war weniger die Echtheit des Stils als der emotionale Wert der Dinge, der ihm wichtig war. So sind im »türkischen Salon« die Stuckelemente an der Zimmerdecke den Bögen der Alhambra aus Granada nachempfunden, die Fayencen stammen aus Marokko und Andalusien, der fein ziselierte Kupfervogel kommt aus Persien. Die Wände zieren orientalische Waffen und gefärbte Seidenstoffe. »Türkisch« ist nur der überdachte Holzbalkon, der in den Hof ragt.

Apropos Hof. Zeit seines Lebens genoß es Loti, den Sommer im Hinterhof des Hauses zu verbringen: »Recht hübsch war dieser Hof, sonniger und luftiger und blütenreicher als die meisten Stadtgärten. Wie eine lange Allee aus grünen Zweigen und Blumen, auf der Südseite von niedrigen alten Mäuerchen gesäumt, von denen Rosenzweige und Geißblattranken herunterhingen und die von den Wipfeln der Obstbäume aus der Umgebung überragt wurden. Diese lange, blütenreiche Allee erweckte den Eindruck von Tiefe und verlief, schmaler werdend, unter Wein- und Jasminlauben bis zu einer Stelle, wo sie sich zu einem großen Salon aus grünem Laub ausweitete – und endete dann an dem sehr alten Gebäude eines Weinkellers, dessen graue Steine unter Weinlauben und Efeublättern verborgen waren.«

Lotis Lieblingsraum war das »arabische Schlafgemach«: Hier hing er auf Damastkissen ausgestreckt seinen Tagträumen nach, während er regelmäßig an der Wasserpfeife zog. Abgesehen von den persischblauen Fayencekacheln strahlt der Raum eine Kargheit aus, die an ein Beduinenzelt erinnert. Und da Loti im Zeitalter des Historismus lebte, durfte auch ein »mittelalterlicher Saal« nicht fehlen. Der Kamin, die Tribüne und das Chorgestühl wurden nach eigenen Entwürfen des Schriftstellers gefertigt; die spätgotischen Fenster stammen aus einem Kloster bei Marennes. Zur Einweihung veranstaltete Loti am 12. April 1888 ein Festdiner im Stil Louis XI, wobei er keine Kosten und Mühen scheute, um den 20 Geladenen ein möglichst authentisches Galamenü zu servieren. Insgesamt dreizehn, zum Teil sehr ausgefallene Gänge wurden den kostümierten Gästen gereicht: Gefüllter Pfau, Reiher, Igel, Schwan und Neunauge. Als Meister der Selbstinszenierung versäumte Loti nicht, einen Journalisten vom *Figaro* und einen Zeichner von der *Monde illustré* einzuladen, damit diese über die Pracht des Festes berichteten.

Derartige ausgefallene Ideen waren typisch für Loti, den viele seiner Schriftstellerkollegen für einen Exzentriker und Snob hielten. So notierte beispielsweise Edmond de Goncourt 1888, nachdem er Pierre Loti in Begleitung eines »stark dekolletierten Matrosen« getroffen hatte: »Der seltsame Literat und noch seltsamere Marineoffizier ist total geschminkt; er umrandet seine Augen mit der schwarzen Farbe, die die Frauen verwenden, wenn sie sich einen samtartigen und luderhaften Blick geben wollen – einen Blick, der einem im Falle Lotis ständig ausweicht, dem man nie begegnet, ein Blick, der auf bizarre Weise zu dieser erloschenen Stimme paßt, die klingt, als würde sie im Zimmer eines Sterbenden gesprochen.« Trotz mancher Ressentiments wurde Loti am 21. Mai 1891 als seinerzeit jüngstes Mitglied in die »Académie Française« gewählt. Er setzte sich übrigens im 6. Wahlgang gegen Émile Zola durch, der von vielen Mitgliedern wegen seines naturalistischen Stils abgelehnt wurde.

Pierre Lotis Bau- und Inszenierungslust war damit noch nicht gestillt. Als der Platz in Rochefort nicht mehr ausreichte, kaufte er 1895 einfach das Nachbarhaus hinzu. Jetzt konnte Loti neue Räume mit seiner Phantasie beleben. Sein architektonischer Ehrgeiz richtete sich vor allem

Lotis arabisches Schlafgemach

auf den Bau und die Dekoration des angrenzenden »Renaissance-Saals«. Er ließ fast die gesamte erste Etage einreißen, um Platz für einen zweigeschossigen Raum mit Musiktribüne zu schaffen. An den Mauern hängen fünf flämische Wandteppiche aus dem 17. Jahrhundert, ein wuchtiger gotischer Kamin, Phantasiewappen, venezianisches Glas und spanische Stühle vervollständigen das repräsentative Ambiente. Gekrönt wird der Raum von einer schweren Kassettendecke im Renaissancestil. Genauso wie Loti Kostümfeste liebte, begeisterte er sich bei der Einrichtung seines Hauses für ein Konglomerat verschiedener Stilrichtungen. Der Moderne stand er hingegen sehr skeptisch gegenüber, und so verzichtete er im ganzen Haus auf Strom.

Ungewöhnlich für Loti ist die bürgerliche Einrichtung des »Blauen Salons« mit einem Flügel sowie Mobiliar im Stil von Louis XV und Louis XVI – der Salon war ein Tribut an seine Frau Blanche, die er 1886 geheiratet hatte und die seine Extravaganzen stets mit einer Engelsgeduld ertrug. Es war keine Liebesbeziehung, sondern eine Vernunftehe, die Loti eingegangen war, um einen legitimen Nachkommen zu hinterlassen. Seine Mutter und seine Cousinen hatten ihm eine Braut ausgesucht: Blanche de Ferrière, eine Protestantin aus vermögendem Hause, die zudem eine wichtige Voraussetzung erfüllte: Sie war kleiner als ihr nur 1,63 Meter großer Schriftstellergatte. Ein Sohn namens Samuel – er verkaufte der Stadt Rochefort 1969, kurz vor seinem Tod, das Haus seines Vaters – ging aus der Ehe hervor.

Pierre Lotis große Passion galt aber auch jetzt noch dem Orient, dessen mystisch-erotischen Verheißungen er in seinen jungen Jahren erlegen war. Durch den Kauf des Nachbarhauses konnte Loti sich endlich eine eigene »Moschee« einrichten lassen. Um eine möglichst authentische Wirkung hervorzurufen, verwendete er die Ruinen einer sunnitischen Moschee und engagierte syrische Handwerker, welche die Decke aus lackiertem und bemaltem Zedernholz zimmerten. Selbst ein kleines Minarett auf dem Dach durfte nicht fehlen. Lotis Moschee diente dennoch nicht als Kultstätte, weswegen auch die Gebetsnische nicht nach Osten ausgerichtet ist. Untypisch sind auch der Brunnen und die Ruhebank unter Palmenzweigen sowie Grabstelen und fünf leere Kenotaphen – die letzte Ruhestätte eines türkischen Sultans und seiner Söhne.

Nicht jeder Besucher zeigte sich begeistert über das allzu phantastische Interieur. So hielt Julien Green am 13. Mai 1981 in seinem Tagebuch fest: »In Rochefort das unglaubliche Heim von Loti, in dem sich manche wertvolle Gegenstände unter Jahrmarktströdel mischen. Was ihm in seinen Büchern so wunderbar gelang, der Orient, den er uns schenkte, ist ihm beim Einrichten und Ausschmücken seiner letzten Zuflucht mißlungen. Das Wunder der Worte vermochte er mit Gegenständen nicht zu wiederholen. Teppiche, Mosaike, ein seidendrapierter Sarg, all das in einem grauen und deprimierenden Licht. Lassen wir das, es ist traurig, und ich liebe ihn allzu sehr, Julien Viaud.«

Es gibt jedoch einen Raum im Haus, der einen Kontrapunkt zum schwülstig-bunten Kaleidoskop eines Fernwehkranken setzt: Im Schlafzimmer begegnet uns Loti als Asket. Der nüchterne Raum mit den weißgekalkten Wänden und dem schmalen Eisenbett ähnelt der Zelle eines Mönchs. Über dem Stuhl hängt seine Kapitänsuniform, ein paar Photographien und Hygieneutensilien erinnern an Lotis ausgeprägten Jugend- und Körperkult. Schon in jungen Jahren formte er seine Muskeln mit der Eitelkeit eines Bodybuilders, später kaschierte er seine Falten und Altersflecken mit Puder. Dementsprechend schwer litt Pierre Loti, als er in seinen letzten Lebensjahren infolge einer halbseitigen Lähmung weitgehend auf fremde Hilfe angewiesen war.

Eigentlich wollte Loti sein Leben in diesem Zimmer in Rochefort beschließen, doch starb er am 10. Juni 1923 überraschend im baskischen Hendaye. Seit Pierre Loti mit seinem Schiff zur Sicherung der spanisch-französischen Grenze abkommandiert worden war, besaß er dort nicht nur ein Haus, sondern unterhielt auch eine sehr persönliche Beziehung zum Baskenland: Hier lebte seine »Zweitfrau« Crucita, mit der er drei Kinder hatte. Wie sagte doch Sacha Guitry: »Der Mann war verheiratet, der Offizier weitaus weniger, Loti dagegen gar nicht.« Seine letzte Ruhestätte fand Pierre Loti in Saint-Pierre, auf der Rochefort vorgelagerten Ile d'Oléron, »unter Efeu und Lorbeer«. Auf seinen Wunsch hin ist das Grab nicht öffentlich zugänglich.

Anreise: Rochefort-sur-Mer gehört zum Département Charente-Maritime und liegt 120 Kilometer nördlich von Bordeaux am rechten Ufer des namensgebenden Flusses, der Charente. Die Maison Pierre Loti befindet sich in der gleichnamigen Straße inmitten des Stadtzentrums.

Öffnungszeiten: Tgl. 10-17 Uhr. Besichtigung nur im Rahmen einer 50-minütigen Führung möglich.

Montaignes Turm in der Nähe von Bordeaux

Der Turm des Philosophen

Montaigne in Montaigne

Der sprichwörtliche Turm des Philosophen steht in Aquitanien auf einem Hügel über dem Tal der Dordogne. Kein elfenbeinernes, aber ein steinernes Zeugnis für den intellektuellen Glanz, fernab von den Niederungen der Welt. Kein repräsentativer Bau, nicht einmal zwanzig Meter hoch, eine Ecke des Schloßhofs markierend. An den Hängen ziehen sich knorrige Weinstöcke hinab, aus deren dunkelroten Trauben die bekannten Bergerac-Weine gekeltert werden. Wahrscheinlich konnte der Autor der berühmten *Essais* die Reben vor seiner Haustüre nicht würdigen, kokettierte er doch mit seiner Unkenntnis der heimischen Pflanzen- und Tierwelt und bedauerte scherzhaft, einen Kohlkopf nicht von einem Salatkopf unterscheiden zu können.

Michel Eyquem de Montaigne wurde am 28. Februar 1533 auf dem väterlichen Schloß Montaigne geboren. Den eine Tagesreise östlich von Bordeaux gelegenen Landsitz hatte Michels Urgroßvater Ramon Eyquem 1477 erworben, um seinen gesellschaftlichen Aufstieg zu unterstreichen. Montaignes Vorfahren waren Kaufleute aus Bordeaux, die mit Wein, Farbstoffen und Salzheringen gehandelt und es zu Reichtum und Ansehen gebracht hatten. Durch den Kauf des Landgutes gehörte die Familie als »Herren von Montaigne« fortan zum französischen Amtsadel.

Nachdem Montaignes Vater 1554 zum Bürgermeister von Bordeaux ernannt worden war, ließ er seinen Landsitz ausbauen, befestigen und mit Türmen versehen. »Mein Vater liebte zu Montaigne zu bauen, wo er geboren war ... Wenn ich mich damit abgegeben habe, ein altes Stück Mauer aufzurichten oder einen wackligen Bau instand zu stellen, so geschah es sicherlich mehr seinem Willen als meiner Behaglichkeit zuliebe. Und ich tadle meine Trägheit, daß ich nicht weitergegangen bin und nicht die schönen Anfänge, die er auf Schloß Montaigne hinterließ, zu Ende geführt habe; um so mehr, als ich erwarten muß, daß ich darauf der letzte Besitzer aus meinem Geschlecht sein und die letzte Hand daran legen werde.« Nun, wahrscheinlich hätte Michel de Montaigne noch ein ganzes Dutzend Türme errichten können – in den Augen des Schwertadels blieb er trotz aller Verdienste nur der Sproß einer Aufsteigerfamilie und wurde gelegentlich als »Sohn eines Heringshändlers« bezeichnet.

Pierre Eyquem de Montaigne legte großen Wert auf die Erziehung von Michel, seinem ältesten Sohn und designierten Erben. Er verpflichtete einen deutschen Hauslehrer namens Horstanus, der kein Wort Französisch sprach und seinen Zögling auf Latein unterrichtete, so daß der kleine Michel Ovids Metamorphosen rezitieren konnte, noch bevor er mit französischen Volksliedern vertraut war. Von seinem Vater zur Beamtenlaufbahn bestimmt, widmete sich Michel dem Studium der Rechte; schon mit 21 Jahren gehörte er als Rat dem Steuergerichtshof von Périgueux an, drei Jahre später übernahm er das väterliche Amt als Richter und Rat des Parlaments von Bordeaux. In offizieller Mission wurde er wiederholt an den Pariser Königshof geschickt, wobei er wichtige Kontakte knüpfte. Der Beginn einer glänzenden Karriere. Allmählich war es an der Zeit, sich auch im Privatleben zu verändern. Seiner gesellschaftlichen Stellung entsprechend, heiratete Montaigne 1565 mit Françoise de la Chassaigne eine mit reicher Mitgift ausgestattete Tochter aus angesehener Familie. Allerdings machte er nie einen Hehl daraus, daß seine Ehe eher eine Zweckgemeinschaft denn ein Liebesbund war; ein wenig fürchtete er auch um seine Freiheit. Was die Rolle seiner Zukünftigen betraf, so hatte er eine klare Vorstellung: »Von einer verheirateten Frau fordere ich vor allem die Tugend der Wirtschaftlichkeit, die ich höher schätze als jede andere.«

Ein erfolgreiches Leben in geregelten Bahnen – zumindest dem Anschein nach. Doch für Freunde und die Familie gleichermaßen überraschend verkaufte Montaigne erst sein Amt als »Conseiller«, um in Paris die Schriften seines Freundes La Boétie zum Druck zu befördern; dann beschloß er, sich vom weltlichen Leben abzuwenden und sich auf sein Schloß zurückzuziehen. Hinfort wollte er sich nur noch »seiner Freiheit, Ruhe und Muße« verpflichtet fühlen. Ein quasi klösterliches Gelübde stellte Montaigne seinem Rückzug voran. In lateinischer Schrift ließ er seine Entscheidung an die Wand des Vorzimmers seiner Bibliothek pinseln: »Im Jahre des Herrn 1571, im Alter von 38 Jahren, am Vorabend des 1. März, zog sich Michel de Montaigne, seit langem schon der Knechtschaft des Parlaments und der öffentlichen Ämter müde, noch in der Fülle seiner Kräfte in den Schoß der gelehrten Jungfrauen zurück, wo er in Muße und Ruhe die ihm verbleibenden Tage verbringen will. Möge das Geschick ihm vergönnen, diesen Raum der stillen Zurückgezogenheit seiner Ahnen, den er in seiner Freiheit, seinem Frieden und seinen Mußestunden geweiht hat, zu vollenden!«

Über die Gründe für Montaignes frühen Rückzug ist viel spekuliert worden; er selbst hat sich nur vage darüber geäußert. Durch den Tod seines Vaters war er als Haupterbe zum vierten Herrn von Montaigne geworden und mußte sich verstärkt um die Verwaltung der Güter kümmern. Hinzu kamen die Trauer um den Tod seines besten Freundes La Boétie, politische Enttäuschungen und die Unlust, sein Amt als Parlamentsrat auszuüben. Montaigne hat nie aufgehört, seinen Unabhängigkeitsdrang und seinen Haß

Montaignes Gelehrtenkammer im Turm

auf Verbindlichkeiten kundzutun, wenn sie ihn über die »gemeinen und natürlichen Pflichten« hinaus in Anspruch nahmen: »Packen wir unsere Sachen; nehmen wir beizeiten Abschied von der Nachbarschaft; machen wir uns von jenen lebhaften Verstrickungen los, die uns anderwärts haften lassen und uns uns selber entfremden.« Montaignes Überlegungen über die Einsamkeit gipfelten in der Erkenntnis: »Das Größte in der Welt ist, sich selbst gehören zu können.« Die in der Bibliothek verbrachten Stunden waren gleichbedeutend mit dem größten vorstellbaren privaten Glück.

Statt Parlamentsdebatten sollte fortan nur noch das Studium der Literatur und Philosophie Montaignes Leben bestimmen. Lesen bedeutete für Montaigne, sein Denken am Geist anderer Schriftsteller zu schulen. Er gab der Literatur den Vorzug gegenüber der Gesellschaft der Lebenden. »Als ich mich unlängst in mein Hauswesen zurückzog, fest entschlossen, mich hinfort so viel wie möglich mit nichts mehr abzugeben, als das Wenige, was mir noch an Leben bleibt, in Ruhe und für mich hinzubringen: da meinte ich, ich könnte meinem Geiste mit nichts gefälliger sein, als daß ich ihn in aller Muße sich selber unterhalten, mit sich selber beschäftigen und verweilen ließe; was ihm, wie ich hoffte, fortan leichter sein würde, da er mit der Zeit schwerfälliger und reifer geworden sei.«

Allein war Montaigne nicht, denn er pflegte seine Gedanken beim Auf- und Abschreiten zu entwickeln und einem Sekretär zu diktieren. »Mein Geist rührt sich nicht, wenn meine Beine ihn nicht bewegen.« In den Regalen standen 1000, teilweise von La Boétie geerbte Bände, vor allem lateinische Autoren, aber auch französische Historiker und Reisebücher, dazu ein paar Dutzend italienische Dichter. »Bin ich dieses einen Buches überdrüssig, so nehme ich ein anderes zur Hand; und widme ihm nur die Stunden, in denen mich das Nichtstun zu langweilen beginnt. Ich greife kaum je nach neuen, weil mir die alten mehr Kraft und Fülle zu haben scheinen; auch nicht nach den Griechen, weil sich mein Geist nicht gern mit meinem kindischen und schülerhaften Verständnis ihrer Sprache zufrieden gibt.«

Schon im ersten Jahr seines Rückzugs begann Montaigne mit der Niederschrift des 1. Buches seiner berühmten *Essais*. Als Ansporn und Mahnung ließ er sich die Deckenbalken seiner Bibliothek mit lateinischen und griechischen Zitaten ausschmücken. Die mehr als 50 in die Balken eingebrannten Kernsätze umreißen merkspruchartig die Leitthemen seiner Essais. Dabei dominieren skeptische Sequenzen: »Ich bin ohne Erkenntnis« oder »Jedem Argument steht ein gleichwertiges Argument entgegen«. An dem Balken über Montaignes Schreibtisch prangt das wohl bekannteste Zitat von Terenz: »Ein Mensch bin ich, nichts Menschliches gilt mir als fremd.«

Die Hinwendung zur *vita contemplativa* bereute Montaigne keine Sekunde: »Ich lebe in den Tag hinein; und, mit Verlaub zu sagen, ich lebe nur für mich; weiter hinaus geht mein Planen nicht. Als junger Mann studierte ich, um mich damit sehen zu lassen; später ein wenig, um einsichtiger zu werden; jetzt um mich zu erheitern; nie um Gewinn.« Ein geruhsames, erfülltes Leben im Elfenbeinturm. »Zu Hause kehre ich ein wenig häufiger in meiner Bibliothek ein, von der aus ich mit einem Blick mein ganzes Hauswesen überschaue. Ich stehe auf der Schwelle und sehe unter mir meinen Garten, meine Stallungen, meinen Hof und die meisten Gebäude meines Anwesens. Da blättere ich einmal in diesem Buche, ein andermal in einem andern, ohne Ordnung, ohne Plan und ohne Zusammenhang; bald hänge ich meinen Gedanken nach, bald merke ich an und diktiere im Auf- und Abgehen diese meine Träumereien hier.«

Michel de Montaigne

Seinen Turm hat Montaigne in seinen *Essais* ausführlich beschrieben: »Meine Bücherei liegt im dritten Stockwerk eines Turms. Der erste Stock ist meine Kapelle; eine Treppe hoch ein Schlafgemach mit seinem Nebenraum, wo ich mich oft niederlege, um allein zu sein. Darüber lag eine große dazugehörige Kleiderkammer. Sie war in vorigen Zeiten der unnützeste Raum meines Hauses. Hier bringe ich die meisten Tage meines Lebens und die meisten Stunden des Tages zu. Nachts weile ich nie darin. Nebenan liegt ein recht wohnliches und lichtes Arbeitszimmer, wo im Winter angefeuert werden kann. Und wenn ich nicht die Plackerei noch mehr als die Ausgaben fürchtete, die Plackerei, die mich vor jeder Unternehmung zurückschrecken läßt, könnte ich leicht rundum und ebenen Fußes eine Galerie anfügen lassen, hundert Schritt lang und zwölf Schritt breit, da ich gefunden habe, daß zu anderem Gebrauch alle Mauern schon bis zu der Höhe aufgeführt sind, die ich benötige. Jeder Ort der Zurückgezogenheit bedarf eines Wandelgangs. Meine Gedanken schlafen ein, wenn ich sitze.«

Das letzte Viertel des 16. Jahrhunderts war in Frankreich eine unruhige Epoche mit vielen kriegerischen Auseinandersetzungen und Gefahren für Leib und Leben. Die Bartholomäusnacht und die Erhebung von la Rochelle waren die einschneidensten politischen Ereignisse, hinzu kamen Katastrophen wie die Pest, die im Südwesten des Landes Tausende dahinraffte. Trotz seiner Turmexistenz führte Montaigne keineswegs das Leben eines Eremiten: Er unternahm nicht nur zahlreiche Reisen und zeugte sechs Töchter – von denen allerdings nur eine das Säuglingsalter überleben sollte –, sondern nahm regen Anteil am politischen Geschehen und verweigerte sich auch nicht, als er 1581 in Italien von seiner Wahl zum Bürgermeister von Bordeaux erfuhr. »Es ist ein Amt, das um so schöner erscheinen muß, als es keinen anderen Sold noch Gewinn denn die

Ehre einträgt, es auszuüben.« Die Amtszeit dauerte zwei Jahre, und Montaigne wurde wiedergewählt, so daß er den verantwortungsvollen Posten insgesamt vier Jahre ausgeübt hatte, bevor er sich erneut in seinen Turm zurückzog, um weiter an seinen *Essais* zu schreiben.

Montaignes Erfahrungen als Bürgermeister sind in das dritte Buch seiner *Essais* eingeflossen, das im Kapitel III auch eine detaillierte Beschreibung seiner Gelehrtenkammer enthält: »Das Zimmer ist rund, außer einem geraden Stück Wand, gerade lang genug für meinen Tisch und meinen Stuhl, und bietet mir, wenn ich mich umdrehe, mit einem Blick alle meine Bücher dar, die rundum in fünf Reihen übereinander aufgestellt sind. Es hat drei Fenster mit schöner und freier Aussicht und mißt sechzehn Schritt im Durchmesser. Im Winter halte ich mich nicht so dauernd darin auf: denn mein Haus liegt, wie sein Name sagt, auf einem Hügel, und es ist darin kein windigerer Raum als dieses Turmzimmer; doch gefällt es mir, daß es ein wenig beschwerlich und abgelegen ist, sowohl der Zuträglichkeit des Erkletterns wegen, wie um mir die Menge der Besucher vom Leibe zu halten. Hier ist meine Stätte. Hier suche ich ganz mein unumschränkter Herr zu sein und diesen einzigen Winkel so der ehelichen und töchterlichen Gemeinschaft wie der gesellschaftlichen zu entziehen.«

Der Turm mit der Bibliothek war vom Hauptgebäude durch den Hof getrennt. Diese räumliche Trennung von Familie und Gesinde war für Montaigne enorm wichtig. Die Gespräche mit seiner Frau langweilten ihn zusehends, das Alltagsgeschäft der Hausführung interessierte ihn nicht im geringsten. Am Leben seiner Tochter nahm er wenig Anteil, denn Kinder stellten für ihn eher ein Übel als eine Bereicherung des Daseins dar. Wichtig war ihm sein geregelter Tagesablauf. Jeden Morgen um sieben Uhr stand er auf, schlüpfte in seine schwarze Oberschenkelhose und sein weißes Wams und stieg von seinem Schlafzimmer in die Bibliothek hinauf, um sich seinen Studien zu widmen.

Irgendwann im September 1592 ging Montaigne das letzte Mal die Stufen der Wendeltreppe hinauf. Neben seinen Nierensteinen hatten ihn heftige Gicht- und Migräneanfälle sowie eine Halsentzündung mit eitrigen Abszessen gequält, die ihn zuletzt der Sprache beraubte. Schriftlich bat er seine Frau, verschiedene Adlige aus der Nachbarschaft herbeizurufen, um sich von ihnen verabschieden zu können. Dann ließ er die Messe lesen, faltete die Hände und verschied in seinem geliebten Turm, der genauso wie die berühmten *Essais* die Wirren der Zeit überdauert hat. Das eigentliche Château de Montaigne fiel einem Brand zum Opfer und wurde Ende des 19. Jahrhunderts durch einen historisierenden Neubau ersetzt.

Anreise: Saint-Michel-de-Montaigne ist ein kleines Dorf 50 Kilometer östlich von Bordeaux. Von der Landstraße nach Bergerac (D 936) zweigt in Lamonthe-Montravel linker Hand eine schmale Straße ab, die nach drei Kilometern zum Dorf Montaigne führt.
Öffnungszeiten: La Tour de Montaigne ist Mi – So von 10-12 Uhr und 14-18.30 Uhr, im Juli und August tgl. von 10-18.30 Uhr geöffnet.

Der Homer der Insekten

Jean-Henri Fabres Harmas in Sérignan-du-Comtat

»Das ist es, was ich mir gewünscht habe, hoc erat in votis: eine kleine ländliche Besitzung, oh, nicht sehr groß, aber abgeschlossen und den Unzuträglichkeiten der Landstraße entzogen, ein verlassenes Stück unfruchtbares Land, ausgedörrt von der Sonne, günstig für die Disteln und die Hautflügler. Dort würde ich, ohne Störungen durch Vorübergehende befürchten zu müssen, die Sandwespe und die Grabwespe befragen und mich dem schwierigen Zwiegespräch hingeben können, in dem Frage und Antwort das Experiment der Sprache benutzen. Dort würde ich, ohne zeitraubende weite Ausflüge und ohne beschwerliche Wege, die die Aufmerksamkeit schwächen, meine Angriffspläne entwerfen, meine Fallen stellen und die Wirkungen täglich und stündlich verfolgen können.«

Derjenige, der sich hier über die Erfüllung seines Herzenswunsches freut, war Jean-Henri Fabre, der wohl bedeutendste Insektenforscher Europas und einer der größten Gelehrten Frankreichs. Fabre, der für seine poetischen Schilderungen der Insektenwelt genauso verehrt wird wie für seine bahnbrechenden Studien über die Brutpflege der Wespen, hatte sich lange gedulden müssen. Viele forschungs- und entbehrungsreiche Jahrzehnte lagen hinter ihm, als sich im fortgeschrittenen Alter von 57 Jahren sein Traum von seinem Insektenparadies erfüllte.

Fabre wurde am 22. Dezember 1823 in Saint-Léons-du-Lévézou am Rande des Massif Central geboren. Der kleine Jean-Henri wuchs in ärmlichen Verhältnissen auf, viel mehr als Lesen und Schreiben lernte er nicht in der Dorfschule. Ein Lehrer für alle Jahrgänge, die Felder und Hügel als erweitertes Klassenzimmer. Nachdem sein Vater

Jean-Henri Fabre in seinem Harmas

die Landwirtschaft aufgegeben hatte, um sich mit mäßigem Erfolg als Gastwirt zu versuchen, zog die Familie zuerst nach Rodez, dann nach Toulouse. Dort besuchte der aufgeweckte Jean-Henri das Collège Royal, mußte das Seminar aber bald wieder verlassen, weil seine Eltern das Schulgeld nicht mehr aufbringen konnten. Montpellier und Beaucaire hießen die nächsten Stationen, an denen die Familie Fabre vergeblich ihr Glück versuchte. Schließlich hatte der sechzehnjährige Sohn genug, wollte auf eigenen Füßen stehen. Keine einfache Entscheidung. Jean-Henri verdingte sich erst als Obstverkäufer, dann als Tagelöhner bei der Eisenbahn, schaufelte Erde für eine neue Trasse zwischen Nîmes und Beaucaire. Durch Zufall hörte er von den bevorstehenden Aufnahmeprüfungen für das Lehrerseminar in Avignon. Jean-Henri meldete sich an, erreichte den ersten Platz und erhielt für seine hervorragende Leistung ein Stipendium!

Zwei Jahre später hatte er sein Diplom als Grundschullehrer in der Tasche. In Carpentras, im Dunstkreis des Mont Ventoux, trat er nicht nur seine erste Stelle als Primarlehrer an und begeisterte seine Schüler mit einem praxisnahen Unterricht, den er durch chemische Experimente auflockerte, sondern heiratete auch eine Kollegin. Die nächsten drei Jahrzehnte sollte Fabre den Lebensunterhalt seiner vielköpfigen Familie im schlecht bezahlten Schuldienst verdienen. Sein Wissensdurst blieb trotz der beengten finanziellen Situation ungebrochen. Quasi nebenbei holte er das Abitur nach, erwarb die Lehrberechtigung an höheren Schulen und promovierte schließlich an der Naturwissenschaftlichen Fakultät der Pariser Universität. Nachdem er ein paar Jahre an einem Gymnasium in Ajaccio unterrichtet und in seiner Freizeit die Flora und Fauna Korsikas studiert hatte, kehrte er in die Provence zurück. Fabre wurde als Physik- und Chemielehrer am Collège Impérial von Avignon angestellt und blieb dort siebzehn Jahre lang, bis er in der puritanischen Stadt einen Skandal auslöste. Der begeisterte Naturwissenschaftler war den wohlbehüteten Töchtern der Stadt zu nahe getreten! Allerdings nur geistig, indem er ihnen in seinem naturnahen Biologieunterricht die Befruchtung der Blüten zu anschaulich erklärt hatte. Die Eltern und der Klerus von Avignon standen kopf, seine entrüsteten Vermieterinnen, zwei ältliche Damen, setzten Fabre sogar samt seiner Familie zum Ende des Monats vor die Tür.

Entnervt beendete Fabre seine Lehrtätigkeit, um sich fortan nur noch seinen Forschungen zu widmen. Seine finanzielle Situation war allerdings mehr als schlecht, Rücklagen waren nicht vorhanden. In seiner Not wandte er sich an John Stuart Mill, der damals am Rande von Avignon lebte und mit dem er schon mehrfach botanische Streifzüge unternommen hatte. Bereitwillig gewährte ihm der englische Philosoph ein Darlehen zur Überbrückung. Am Rande von Orange fand die Familie ein neues Zuhause. Doch die Finanznöte blieben. Aus Verzweiflung fing Fabre an, Lehr- und Sachbücher über Physik, Chemie, Astronomie, Zoologie, Botanik, Geologie und Landwirtschaft zu schreiben. Der Erfolg kam schneller als erwartet: Fabre konnte seine Schulden zurückzahlen und hatte mehr Zeit, sich seinen Feldforschungen zu widmen. Im Laufe der nächsten Jahre verfaßte er knapp 100 Handbücher für den Schulunterricht, so daß er schließlich von den Tantiemen nicht nur den Lebensunterhalt seiner Familie bestreiten, sondern ein eigenes Haus erwerben konnte.

Um seinen geliebten Insekten nahe zu sein, zog Fabre endgültig aufs Land. Unweit von Sérignan-du-Comtat fand er 1880 sein Paradies, das er bis zu seinem Tod im Jahre 1915 nicht mehr verlassen sollte: »Dies ist, oder war vielmehr bei meiner Besitznahme, das köstliche Eden, wo ich seitdem die Insekten beobachte. Vierzig Jahre eines Ringens bis aufs Äußerste haben es mir verschafft.« Fabres Paradies war mehr als bescheiden: »Es ist dies ein Harmas. So bezeichnet man hierzulande ein unbebautes, steiniges Stück Boden, den der Thymian überwuchert. Die magere Erde lohnt die Arbeit des Pfluges nicht. Wenn es im Frühjahr zufällig ein wenig geregnet hat und ein paar Pflanzen wachsen, weiden Schafe darauf.«

Auf dem Dorfplatz von Sérignan-du-Comtat steht ein Denkmal, das Fabre mit seinem fast obligatorischen Schlapphut und der Lupe in der Hand zeigt. Ein großer Forscher, ein nicht minder großer Eigenbrötler. Zurückgezogen lebend, hatte sich Fabre in seinem Harmas wie in einem Kokon eingeigelt und eine regelrechte Steinwand um das Grundstück errichtet. Nur zu wenigen Dorfbewohnern pflegte er Kontakt. Wenn er seinen Harmas verließ, dann nur zu einer botanischen Exkursion an die nahen Hänge des Mont Ventoux. Den markanten Gipfel hat er mehr als zwei Dutzend mal bestiegen.

Das zweigeschossige Wohnhaus mit den blaßgrünen Fensterläden – inzwischen eine Außenstelle des Naturhistorischen Museums von Paris – liegt immer noch abseits des Dorfes. Abweisend und ein wenig unnahbar wirkt das Gebäude; das Altrosa der Fassade wird von Platanen, Kastanien- und Feigenbäumen verdeckt und zur Straße hin von einer mannshohen Mauer abgeschirmt. Das Arbeitszimmer – ein großer, heller Raum mit zwei Fenstern, die sich nach Süden, zum Garten, öffnen – ist weniger eine Dichterstube als eine Art »Naturalienkabinett«. Fabres Schlapphut, seine Sammeltasche und sein Spazierstock werden wie Devotionalien präsentiert. In den Vitrinen und Wandschränken sind die aufgespießten Käfer und Schmetterlinge eng aneinandergedrängt, dazwischen eine Auswahl seiner Aquarelle von Tieren, Pflanzen und Pilzen. Zu Fabres

Fabres Haus, vom Garten aus gesehen

Sammlung gehören neben zahllosen Schneckenhäusern, Muscheln und Versteinerungen auch Mineralien, Münzen, Tonscherben und steinerne Pfeilspitzen – er interessierte sich für beinahe alles, was man am Wegesrand finden konnte. Nicht zu vergessen: Sein gigantisches Herbarium, jede Mappe bis zum Äußersten gefüllt, die Botanisiertrommel und die Drahthauben, mit deren Hilfe er das Paarungsverhalten der Nachtpfauenaugen studierte. Fabre beschränkte sich auf einfachste Hilfsmittel, eine Lupe, eine Pinzette und eine Schaufel waren ihm wichtiger als Seziermesser und Reagenzgläser; Sandkästen nutzte er als Kampfarenen und Spielwiese für Begattungen. In einer Ecke steht sein geliebter kleiner Arbeitstisch. »Gerade so groß wie ein Taschentuch, rechts das Tintenfläschchen, links das offene Heft, bot mein kleiner Tisch gerade genug Platz, um darauf zu schreiben. Wie liebe ich dieses kleine Möbel, eine der ersten Anschaffungen meines jungen Haushalts. Leicht läßt es sich umstellen, vor das Fenster, wenn das Wetter trüb ist, in einen schattigen Winkel, wenn die Sonne grell blendet, und im Winter in die angenehme Nähe des Kamins, in dem ein Holzscheit brennt.«

Hinter dem Haus erstreckt sich sein »Laboratorium im freien Feld«; der verwunschene Garten des Harmas präsentiert sich nicht mehr als ödes Brachland mit trockenen Disteln und ein paar Kräutern, sondern als eine verwilderte Miniaturausgabe der provenzalischen Fauna mit schattigen Eichen und Zypressen. Ein Zaubergarten. Im Sommer sind die Zikaden nicht zu überhören. Schon Fabre beugte sich lustvoll ihrem akustischen Herrschaftsanspruch. »Ich ... lebe mit den Zikaden in freier Natur eng zusammen. Ist erst einmal der Monat Juli gekommen, nimmt die Zikade das eingezäunte Stück Land bis hin zur Schwelle meines Hauses in Besitz. Nun gehört die Einsiedelei uns beiden. Drinnen bleibe ich Herr des Hauses;

aber draußen ist sie die uneingeschränkte, maßlose, ohrenbetäubende Gebieterin.« Auch der kleine Tümpel, an dem Fabre einst Wasserläufer und Köcherfliegenlarven beobachtet hat, existiert noch. Unermüdlich kroch Fabre durch das Unterholz, dem Zigarren wickelnden Rebstecher oder den Mistkugeln wälzenden Skarabäen auf der Spur: »Jedermann staunt, wenn er zum erstenmal einen Scarabäus sieht, der, sozusagen im Kopfstand, die langen Hinterbeine hochreckt, die große Pille vorwärts stößt und dabei viele ungeschickte Purzelbäume vollführt. ... Zur Zeit des Ramses und der Thutmosis mengte sich noch der Aberglaube bei: man erblickte in dieser rollenden Kugel ein Sinnbild der Erde während ihres täglichen Umgangs, der Scarabäus empfing göttliche Ehrung.«

Fabres gesamte Forschungsarbeit war von einer tiefen Verehrung der Natur geprägt. Im Gegensatz zu vielen seiner von ihm kritisierten Kollegen verbot es sein Ethos, Tiere zu quälen: »Ihr weidet das Tier aus, aber ich studiere es lebend. Ihr macht aus ihm ein Ding des Schreckens und des Mitleids, ich mache, daß man es lieb gewinnt, daß es nicht leiden muß; ihr arbeitet in der Werkstatt der Folter und Zerstückelung, ich arbeite unter blauem Himmel, beim Gesang der Zikaden; ihr unterwerft die Zelle und das Protoplasma den Reagenzien, ich beobachte den Instinkt in seinem erhabensten Ausdruck; ihr erforscht den Tod, ich erforsche das Leben.«

So behutsam, wie er sich den Insekten näherte, ihnen ihre Geheimnisse zu entlocken versuchte, so behutsam brachte er seine Erkenntnisse zu Papier und verlor dabei nie den Leser aus den Augen, dessen Interesse er von der ersten Zeile an zu wecken verstand. Zwischen 1879 und 1907 hat Fabre seine Forschungsergebnisse in den zehn Bänden seiner *Souvenirs entomologiques* publiziert. Viertausend Seiten, gegliedert in zweihundert Kapitel. Ein wahres Epos der Gelehrsamkeit, das neben der wissenschaftlichen Brillanz vor allem von Fabres poetischer Sprache und seinem eleganten Stil lebt. Immer wieder streute er in seine Abhandlungen auch autobiographische Erlebnisse ein. Seine Schilderung einer Besteigung des Mont Ventoux, während der er mit seinen Begleitern in den dichten Regenwolken die Orientierung verloren hatte, liest sich fast wie ein Abenteuerroman. Victor Hugo bezeichnete ihn als »Homer der Insekten«, Henry Miller zählte Fabres Werk zu den 100 wichtigsten Büchern, die er gelesen hatte. Es nimmt nicht wunder, daß Fabre selbst für den Literaturnobelpreis vorgeschlagen wurde und noch heute in Frankreich zum klassischen Lektürekanon an den Schulen gehört.

Im Alter dichtete Fabre auch auf Provenzalisch und gehörte dem von Frédéric Mistral gegründeten *Félibrige* an. Auch hier galt der Kleintierwelt die besondere Liebe des »Maikäferpoeten«. In dem Gedicht *Lou Grihoun (Die Grille)* schildert er, wie eine Grille mit ihrer Fidel vor die Tür seines Hauses trat, um voller Begeisterung das große Fest des Sonnentages mitzufeiern. Im Jahre 1909 gaben sein Bruder Frédéric und dessen Söhne Jean-Henris gesammelte provenzalische Gedichte unter dem Titel *Oubreto Provençalo dóu Felibre di Tavan* heraus.

In erster Linie blieb Fabre aber seinen entomologischen Arbeiten treu. Er war ein Universalgelehrter, einer der letzten. Seine Sammlungen repräsentierten das gesamte biologische Weltbild seiner Zeit, seine Forschungen erweiterten das damalige Wissen über die Insekten entscheidend. Bahnbrechend waren seine Beobachtungen über das Beute- und Brutverhalten der Knotenwespe. Durch zahlreiche Fachpublikationen besaß er nicht nur unter Entomologen ein großes Renommee. Selbst der große Charles Darwin hat ihn in der *Entstehung der Arten* als »unvergleichlichen Beobachter« gepriesen. Verhaltensforscher wie Konrad Lorenz beriefen sich auf ihn. Im Alter wurden Fabre viele internationale Auszeichnungen zuteil, darunter die Linné-Medaille der Schwedischen Akademie der Wissenschaften, der Prix Gegner und der Prix Née.

Sein Lebenswerk fasziniert noch immer. Kaum ein Insekt, welches nicht seine Aufmerksamkeit geweckt hätte. Fabre interessierte sich für das Liebesleben des Eichenspinners, beobachtete die Fallenstellerei der Kreuzbiene, die tödlichen Giftattacken des Skorpions genauso, wie er sich für den filigranen Faden einer Spinne begeisterte, mit dem sie »den leeren Raum auf etwas Unsichtbarem und Unwägbarem« überwindet. Jean-Henri Fabres »Bilder aus der Insektenwelt« lesen sich wie die Beschreibung eines unbekannten Kontinents. Jeden Leser nahm er an der Hand und führte ihn geduldig in sein Insektenuniversum ein. Warf mit geradezu kindlicher Neugier Fragen auf, um sie mit Humor und Eigensinn zu beantworten. Fabre war kein nüchterner Wissenschaftler, sondern ein tief gläubiger Mensch. Nach Fabres Überzeugung war die Eigenart jeder tierischen Lebensform in einem Schöpfungsplan fixiert. Durch seine sorgfältigen und unermüdlichen Beobachtungen der Insektenwelt offenbarte sich ihm das Werk Gottes. Fabres Vertrauen auf die göttliche Ordnung war so groß, daß er einmal mit Nachdruck bekräftigte: »Ich glaube nicht an ihn, ich sehe ihn.«

Anreise: Sérignan-du-Comtat gehört zum Département Vaucluse und ist von Orange knapp zehn Kilometer entfernt. Der Harmas von Fabre wird vom Musée Nationale d'Histoire Naturelle betreut und liegt an einer kleinen Landstraße südöstlich des Ortes (Route d'Orange).

Öffnungszeiten: Nach umfangreichen Renovierungsarbeiten wird der Harmas voraussichtlich im Jahre 2006 wieder für Besucher geöffnet sein. Die genauen Öffnungszeiten sind noch unklar, wie in staatlichen Museen üblich wird der Harmas allerdings Dienstag geschlossen bleiben.

Der Vergil der Provence

Jean Giono in Manosque

»Ich bin in Manosque geboren und ich bin nie von dort weggegangen. Der Charme der Gegend erschöpft sich nicht. Wenn ich Manosque sage, meine ich nicht streng genommen die Stadt, sondern dies ganze Schauspiel von Hügeln und Tälern, in denen die Stadt liegt und lebt, diese ganze Landschaftsarchitektur, aus der sie ihre Gewohnheiten genommen hat.« Jean Giono, der seine Heimat stets in den höchsten Tönen lobte, gilt zusammen mit Marcel Pagnol und Frédéric Mistral als der provenzalische Schriftsteller schlechthin. André Gide rühmte ihn gar als »Vergil der Provence«. Ein »Heimatdichter« war Giono allerdings nie; er war ein französischer Schriftsteller, der in der Provence geboren wurde und zeitlebens auf das engste in dieser Region wurzelte. »Ich bin kein Provenzale. Ich bin nur in der Provence geboren. Aber ich bin zufällig in der Provence geboren, weil sich meine Eltern hier kennengelernt und hier geheiratet haben.«

Gionos Großvater stammte aus dem Piemont. Anders als viele seiner Landsleute wanderte er nicht der Arbeit wegen in die Provence aus, sondern er gehörte zusammen mit dem Vater von Emile Zola der italienischen Sozialrebellen-Bewegung der Carbonari an und mußte fliehen, da er 1848 in Abwesenheit zum Tode verurteilt worden war. Gewissermaßen zwangsweise wurde er in der Provence heimisch. Gionos Vater sympathisierte mit den Anarchisten und führte als Schuhmacher ein unstetes Wanderleben; erst im reifen Alter von 50 Jahren ließ er sich in Manosque, einem kleinen Städtchen im Tal der Durance, nieder und heiratete. Als dem Paar wenig später, am 30. März 1895, ein Sohn geboren wurde, erhielt er den Namen Jean. Ein

Jean Giono, um 1950

Name mit Tradition, hatten doch seine Vorfahren aus der väterlichen, piemontesischen Linie alle Giovanni geheißen. Jean wuchs in ärmlichen Verhältnissen auf. »Nach meiner Geburt wohnten wir zur Miete in ... einem riesigen, feuchten und düsteren Haus, in dem das ganze erste Stockwerk unbewohnbar war; Decke und Fußboden brüchig, Schlupfwinkel für Ratten und Spinnen. Hinter diesen verschlossenen Türen ächzten die alten Balken tage- und nächtelang. Das zweite Stockwerk war weniger baufällig. Es regnete jedoch in alle Zimmer hinein. Wir hatten uns in den beiden Zimmern eingerichtet, in denen es am wenigsten durchregnete. Das eine war die Werkstatt meines Vaters; das andere bewohnten wir zu dritt. Mein Bett stand in der Ecke, in der man dem Regen am ehesten ausweichen konnte. In Gewitternächten kam mein Vater zu mir, um mein Bett nach Bedarf herumzuziehen oder herumzuschieben, und ich hörte im Schlaf die Tropfen in den Schüsseln und Pfannen klingen, die er auf den Bettvorleger stellte. Nachdem meine Eltern vergeblich versucht hatten, in ihrer Ecke einen trokkenen Platz zu finden, versteckten sie ihre Köpfe schließlich unter großen Regenschirmen.«

Gionos Eltern arbeiteten beide unter dem gleichen Dach in diesem Haus in der Rue Grande (Nummer 14), er als Schuhmacher, sie als Büglerin. »Unser Haus war in allem doppelt: es hatte zwei Stimmen und zwei Gesichter. Im Erdgeschoß lag die Bügelstube meiner Mutter. Ein großer Tisch mit weißen Tüchern bespannt.« Zwei Stockwerke darüber befand sich die Werkstatt des Vaters. Das Familienleben war von Harmonie geprägt. Während seine Mutter ihm die alten Mythen und Geschichten aus dem Fundus der Volksweisheiten erzählte, erklärte ihm sein Vater die Welt und las ihm aus der Bibel vor. Vor allem seinen Vater verehrte Jean Giono über alle Maßen. In seinem autobiographischen Buch *Jean, der Träumer* bekannte er: »Ich

Im Garten von Jean Gionos Haus

kann an keinem Schusterladen vorbeigehen, ohne zu denken, daß mein Vater noch irgendwo dort im Jenseits weiterlebt, daß er da mit seiner blauen Schürze, seinem Kneif, seinem Pechdraht und seiner Ahle vor seinem rauchigen Tisch sitzt und gerade ein paar Schuhe aus Engelshaut für irgendeinen tausendfüßigen Gott macht.« Als Schuhmacher war sein Vater in ganz Frankreich herumgekommen. Ein freies, ungebundenes Leben: »Er konnte einen ganzen Schuh ganz allein machen ... Welche Freiheit ihm das gab! Er machte die Schuhe, die man bei ihm bestellt hatte; dann nahm er sein Geld, packte sein Bündel und ging! ... Wenn er kein Geld mehr hatte, ließ er sich auf dem Hauptplatz eines Dorfes nieder, und die Leute brachten ihm ihre Schuhe zum Reparieren. So ist er in ganz Europa herumgekommen, ohne daß ihn jemand störte, ohne die geringste Sorge zu haben.« Zum Gedenken an seinen Vater hat Giono zeitlebens dessen Schuster-Hammer als Talisman auf seinem Schreibtisch aufbewahrt.

Die Eltern nahmen große finanzielle Mühen auf sich, damit der etwas verträumte, aber begabte Jean die höhere Schule besuchen konnte: »Ich war jetzt Schüler des kleinen aussätzigen Gymnasiums, das die Stadt ausgestoßen und auf die Kornäcker da oben an der Hügelseite verwiesen hatte.« Doch Gionos Gymnasialzeit endete schon nach fünf Jahren. Sein Vater erkrankte schwer; Jean mußte die Schule verlassen, um einen Brotberuf zu erlernen. Giono trat in das *Comptoir national d'escomptes* ein, wo er erst als Botenjunge, dann jahrzehntelang als Bankangestellter und schließlich als Direktor sein Geld verdiente.

Als Ausgleich zu seiner trockenen Büroarbeit brach Giono immer wieder zu Erkundungen in die Umgebung von Manosque auf. Auf diesen ausgedehnten Wanderungen und Streifzügen entdeckte er die fiktive Landschaft seines Herzens: Die weiten, kahlen Plateaus der Hochprovence, dessen Bewohner er in seinem Frühwerk mehr poetisch verklärte als realistisch porträtierte. Einen Zugang zu den vielfach noch provenzalisch sprechenden Bauern und Hirten fand er nur durch die poetische Einbildungskraft. Ihrer Sprache, des Provenzalischen, war er nicht mächtig. Die Landschaft seiner Bücher ist eine imaginäre Landschaft, die Lokalisierungen erschwert. Giono liebte es, geographische Eckdaten und poetische Beschreibungen zu vermischen. Wohlklingende Ortsnamen waren Teil dieser Fiktion. »Die Provence, die ich beschrieben habe, ist eine erfundene Provence, ein erfundener Süden, so wie der Süden Faulkners. Ich habe ein Land erfunden, ich habe es mit erfundenen Figuren bevölkert, und ich habe diesen erfundenen Personen erfundene Handlungen beigegeben. Das Land selbst ist erfunden. Alles ist erfunden.«

Damals, in den zwanziger Jahren des 20. Jahrhunderts, bevölkerten noch große Ziegen- und Schafherden die menschenleeren Hochweiden an der Montagne de Lure; sie kehrten in die sattere Ebene zurück, sobald die bergigen Weideplätze kahlgefressen waren. Giono ging in dieser archaisch-mystischen Landschaft auf: »Das Leben begrub mich so tief darin, daß ich zuweilen gleich einem Gott spürte, wie mein Kopf, meine Haare und meine Augen voller Vögel waren, wie meine Arme schwere Äste trugen, wie meine Brust erfüllt war von Ziegen, Pferden und Stieren, wie meine Füße Wurzeln hinter sich herschleppten und wie der Schrecken der ersten Menschen mich durchbohrte wie Sonnenpfeile. Pan hüllte mich in Glücksschauer, so wie der Wind das Meer streichelt.«

In seinen Romanen huldigte Giono einer Naturreligion pantheistischer Prägung; Tiere, Pflanzen, Steine, Himmel, Bäume, Wasser und Erde werden zu einer geheimnisvollen Einheit verschmolzen. Antizivilisatorische Töne waren unüberhörbar. Bei den armen Hirten und Ackerbauern glaubte Giono, die Grundelemente der zutiefst verehrten friedvollen, weil archaischen Lebensformen ausmachen zu können: Hunger und Liebe, Offenheit und Ehrlichkeit, Leben und Sterben. Nicht grundlos verglich Peter de Mendelssohn in seinem Nachwort zur deutschen Ausgabe von *Ernte* Gionos Landschaft und seine Helden mit den Gestalten Homers.

Mendelssohn wußte, wie sehr die *Odyssee* Giono beeinflußt hatte: »Immer, wenn ich langsam die Wege entlang ging, das geöffnete Buch in der Hand, wurde ich ruhig und ausgeglichen. Ich hatte bald begriffen, daß die Landschaft, die mich umgab, die wolligen Wacholdersträucher, mit denen der Hügel bedeckt war, die kleinen Landhäuser mit den schattigen Buchten unter leise rauschenden Zypressen, das Lied der Obstgärten, die Frauen mit den Wasserkrügen, die Wäscherinnen, die sich über das Bassin beugten, die Hände voller Waschblau, daß dies alles die Odyssee war, und ich las nur weiter, wenn am Ende der Seite meine Blicke zu den Feldern schweiften.«

Im Jahre 1929 erwarb Jean Giono ein Haus mit ausgedehntem Garten im Lou-Paraïs-Viertel, zu Füßen des Mont d'Or. Bereits die Adresse »Montée des Vraies Richesses« klingt wie ein kleines Manifest. »Ich wohne an der Hanglage von einem mit Olivenbäumen überzogenen Hügel, und vor meiner Terrasse rundet sich Manosque mit seinen drei Kirchtürmen wie eine orientalische Stadt.« Jeden Tag erfreute er sich am Anblick der Altstadt, deren Dächer ineinander verzahnt sind »wie die Platten einer Rüstung«. Die Aussicht ist grandios: Im Winter ragen am Horizont die schneebedeckten Berge der Basse-Alpes auf. Der Erfolg seiner ersten Romane *Der Hügel*, *Ernte* und *Die Geburt der Odyssee* bestärkte ihn, die Kontoführung aufzugeben. Bereits 1930 war er dank seiner Tantiemen finanziell so gut abgesichert, daß er sich fortan ganz dem Schreiben widmen konnte.

Giono führte einen großen Haushalt, neben seiner Frau Elise und den beiden Töchtern Aline und Sylvie wohnten anfangs auch seine Schwiegereltern mit im Haus. Aus Platzgründen wurden die Oliven nach der Ernte auf dem Fußboden seines Arbeitszimmers zum Trocknen ausgelegt. Die Situation besserte sich erst 1935 durch einen Anbau. Endlich konnte Giono sein Arbeitsreich über mehrere Zimmer ausdehnen. Zeitweise okkupierte er fünf Räume. Der Schriftsteller Ernst Erich Noth besuchte Giono 1938, am Vorabend des Zweiten Weltkrieges, in seinem Anwesen: »Es war sehr *rustique* stilecht und wirkte schon aus der Entfernung geräumig und behaglich, fast zu stattlich für ein Bauernhaus. Drinnen wimmelte es von Büchern, Zeitschriften und Manuskripten: ein unverkennbares Schriftstellerreich. Es roch nach Äpfeln und Tabak; die Pfeife ging Giono kaum aus.« Das Ambiente gefiel Noth sichtlich: »Wir waren inzwischen ein Stockwerk höher gestiegen. Man merkte unverzüglich, wie wohl sich Giono in seinem oberen Arbeitszimmer fühlen mußte. Das geräumige Studio war sonnendurchflutet; an den Wänden hingen reliefgetreue Landkarten der Gegend und ausgezeichnete Fotografien vom Sternenhimmel. Von einem Fenster aus genoß man eine herrliche Aussicht ... auf die Hochebene mit ihren Anwesen, Äckern, Olivenhainen und Weinfeldern, die dem nahen, im Augenblick wolkenverhangenen Gebirgszug entgegenstrebten.«

Noths Beschreibung ist noch heute zutreffend. Ein von Blumen, Büschen und einer efeubewachsenen Mauer gesäumter schmaler Fußweg führt zu einem von außen verschlossen wirkenden Haus mit grünen Fensterläden, gedeckt mit runden Tonziegeln. Nur einmal in der Woche ist das Haus für Besucher geöffnet. Im dunklen Flur muß

Gionos Arbeitszimmer im Dachgeschoß

man sich langsam orientieren, erst in den zum Garten gelegenen Räumen fällt gefiltertes Licht durch die Lamellen. Vögel zwitschern. Der Garten ist eine grünes Refugium mit Palmen, ein paar Lorbeer- und Aprikosenbäumen, abgegrenzt von einer Balustrade mit einem steinernen Wasserbecken. Unter dem Schatten einer mächtigen Kastanie schweift der Blick über Manosque.

Obwohl nur unweit des Zentrums gelegen, ist das Anwesen, in dem Giono bis zu seinem Tod im Jahre 1970 gelebt hat, ein Hort der Stille. So stellt man sich das Haus eines Schriftstellers vor! Abgesehen von der Küche und dem Speisezimmer reiht sich Bücherregal an Bücherregal. Rund 7.600 Bände umfaßt Gionos Bibliothek – ein lebendiges Zeugnis seiner Leseleidenschaft, die er weder thematisch noch alphabethisch geordnet hat. Die Wände im Treppenhaus sind mit Skulpturen und Bildern befreundeter Künstler, wie Yves Brayer und Bernard Buffet, regelrecht tapeziert, in der Bibliothek fällt ein allegorisches Fresko auf, das sein Freund und Gefährte Lucien Jacques gemalt hat; es zeigt Giono inmitten einer provenzalischen Bilderbuchlandschaft und zitiert Szenen seiner frühen Romane. Steigt man die knarrenden Treppen empor, so findet man Gionos Lieblingsarbeitszimmer vor, als hätte er es soeben nur kurz verlassen. Selbst seine Handschuhe und ein alter Fellmantel liegen noch auf dem Sofa. Das geräumige Studio mit dem offenen Kamin und dem weinroten Lesesessel ist freundlich und hell; auf dem Schreibtisch stapeln sich Gionos geliebte Pfeifen und Bücher, daneben Erinnerungsstücke wie ein etruskischer Ring und ein Photo seiner Mutter; an den Wänden Bücherregale, ein paar Wanderkarten sind ausgefaltet über einen Stuhl geworfen. Die oberste Karte zeigt noch den Lauf des mittleren Verdon vor der Flutung des Lac de Sainte-Croix. Mit den Landkarten hat es eine besondere Bewandtnis: Als Giono aus gesundheitlichen Gründen gezwungen war, das Wandern aufzugeben, nahm er dies gelassen hin: »Jetzt mache ich die Wanderungen in meinem Kopf . . . und betrachte meine Landkarten.«

Manosque ist Giono-Land. »Manche Städte können stolze Kathedralen vorweisen, mittelalterliche Befestigungen oder Eingeweide von Märtyrern. Manosque seine Schönheit.« Die am Rande der Haute-Provence gelegene Stadt wurde im Mittelalter von den Grafen von Forcalquier zur Sicherung des Handelsverkehrs im Tal der Durance gegründet. Auch wenn die Stadtmauer im 19. Jahrhundert abgetragen wurde, läßt sich ihr Verlauf noch deutlich ausmachen: Der damals angelegte breite Boulevard umschließt die Altstadt kreisförmig. Zwei von einst sechs Stadttoren sind bis heute erhalten geblieben. Der Turm der Porte Saubeyran wird von einem der schönsten zwiebelförmigen Glockenkäfige der Provence geziert. Nicht verändert hat sich auch der Straßenverlauf mit seinen engen Passagen. »Die schmalen Gäßchen bewahren ihre Kühle in den heißesten Sommern.« Giono hat die Stadt noch gekannt, »als in jedem Innenhof ein großer Maulbeerbaum gestanden hat«. Zu Beginn des 20. Jahrhunderts lebten nur wenige Tausend Menschen in dem bäuerlich geprägten Manosque. Doch bereits in den fünfziger Jahren begann sich das Bild der Stadt zu verändern. Damals hat Jean Giono das Porträt eines idealtypischen »Marktfleckens« der Haute-Provence gezeichnet, hinter dem sich zweifellos Manosque verbirgt: »Die Straßen sind schmal, kurvenreich, um dem Wind auszuweichen. Das Geschäftsleben, ganz den alten Zeiten noch verhaftet, als es nicht ratsam war, zu dicht an den Mauern der Schutzwehr zu wohnen, flutet zurück zum Herzen der Ortschaft. Generell ist dies ein Netz von kalten, düsteren Straßen, in denen die Geschäfte den ganzen Tag über mit Lampen beleuchtet werden müssen. Auf einem kleinen, zentral gelegenen Platz, hinter zwei oder drei Platanen mit einem Springbrunnen, schläft tief im Boden die Kirche, zu der man niedersteigen muß. Rings um die Kirche herum lauter alte Herrenhäuser, die Amtsstube des Notars, die Zweigstelle der Bank; manchmal Schaufenster, in denen Radiogeräte ausgestellt sind. Das Rathaus steht auf einem anderen Platz; auch hier ein Springbrunnen, fast immer modern, das heißt ein gußeiserner Springbrunnen mit Handgriff und Wasserhahn. Dort ist auch das Café du Commerce oder das Café de la République, der Frivolitäten-Laden, der in seinen Vitrinen Sexhöschen und Büstenhalter zeigt, das Tabakgeschäft, der Steuereinnehmer.«

Mit zunehmendem Alter bedauerte Giono den scheinbar unaufhaltsamen Verfall von Manosque immer mehr. Beiläufig hatte er 1937 notiert, die Schönheit von Manosque gleiche einer Hochschule des Glücks. Doch dann ging es Schritt um Schritt bergab. Weihnachten 1952 erinnerte sich Giono schon mit Wehmut an das alte, das arme Manosque, das innerhalb seiner Stadtmauern der »Krone eines Königs« geglichen habe; es habe sich dann geändert, doch »die Seele ist dieselbe geblieben, denn die Wildnis, die nur wenige Kilometer von hier entfernt liegt, hat sich nicht verändert«. Besonders schmerzlich empfand Giono die nach dem Zweiten Weltkrieg einsetzende unaufhaltsame Verstädterung seiner Heimatstadt; 1963 schreibt er, es sei nur zwanzig Jahre her, da habe Manosque noch zwei Drittel seiner Schönheit besessen; jetzt sei alles verschwunden. »Wollte man sie vollständig finden, müßte man vor die Zeit von 1914 zurückgehen, als Manosque ein großes Bauerngehöft und zugleich die Hauptstadt wilder Landstriche war.«

Die Vorstellung, Manosque könne sich zu einer provenzalischen Metropole entwickeln – gegenwärtig hat die Stadt 20 000 Einwohner –, schreckte ihn, denn in den Großstädten machte Giono die Grundübel der modernen

Welt aus. Deren Bewohner fristeten in seinen Augen ein erbärmliches, selbstentfremdetes Leben im Rhythmus des Maschinenzeitalters; Paris war für ihn eine »traurige, doch unumgängliche Hölle«. Auf die ideologischen Gärungen der dreißiger Jahre des 20. Jahrhunderts reagierte Giono mit einem Rückzug zu den Kräften der Natur. So pries er 1936 in seinem Buch *Vom wahren Reichtum* das ländliche Leben als Gegenentwurf zum erbärmlichen, entfremdeten Leben in der einzig auf Profit ausgerichteten Maschinengesellschaft. Zeitlebens hielt sich Giono von den großen Städten fern und verherrlichte das einfache Landleben: »In der Stadt ist vielleicht das geistige Leben interessanter, aber anderswo gibt es diese herrliche Erziehung durch die Natur, die einem wunderbare Dinge gibt, das Wesentliche, Brot, Wasser ... Die wesentlichen Dinge sind rein. Die Luft, das wird ein ungeheurer Luxus werden.«

Die naturverklärende, mythische Darstellung der bäuerlichen Welt stieß auf große Resonanz. Schon in den dreißiger Jahren pilgerten vorzugsweise junge, anti-städtisch, anti-modern und pazifistisch eingestellte Verehrer Gionos nach Manosque. Der Dichter fand sich urplötzlich in der Rolle des gefeierten Jugendidols! In seinem Umkreis entstand eine regelrechte »Zurück-aufs-Land«-Bewegung; die Bemühungen, aufgegebene Bauernhöfe zu bewirtschaften und Landkommunen zu gründen, scheiterten jedoch. Die bäuerlichen Utopisten wurden angesichts der rauhen Wirklichkeit schnell eines Besseren belehrt; so beließen sie es dabei, ein paar verlassene Häuser auf dem Plateau de Contadour notdürftig instandzusetzen und sich dort zu literarischen Gesprächen zusammenzufinden. »Nach dem Abendessen setzten wir uns am Herdfeuer zusammen. Und erzählten uns Geschichten. Man hatte mir sogleich allerhand Fragen gestellt, aber ich hatte mich geweigert sie zu beantworten, und erzählte Geschichten über die Geschichten, über die Legenden, über die Verbrüderung der Menschen mit der Erde.« Giono und sein Malerfreund Lucien Jacques gaben eine Vierteljahreszeitschrift, die *Cahiers de Contadour*, heraus, welche sich vor allem an eine junge Leserschaft wandte. Giono hatte nicht nur in der Provence, sondern auch in Paris eine große Lesergemeinde. Mehr noch: Er gehörte seit ein paar Jahren zu den bekanntesten französischen Schriftstellern. Zu seinen Bewunderern zählte auch Henry Miller, der im Juli 1939 auf seinem Weg von Paris nach Marseille in Manosque Station machte. Zwar traf er Giono nicht an, doch er lobte den »bäuerlichen Anarchisten« weiterhin in den höchsten Tönen: »Die Namen seiner Gestalten und jene der Berge und Wasserläufe, die sie umgeben, sind erfüllt vom Geschmack und vom Aroma, von der Stärke und Würze kräftiger Kräuter. Es sind urtümliche Namen, denen der Geruch des französischen Midi anhaftet.« Andere Zeitgenossen wie Ernst Erich Noth zeigten sich dagegen weniger begeistert über »die pastoralen Epen des Manosquer Friedensfreundes«.

Schon vor seinen schrecklichen Erlebnissen in den verlustreichen Stellungsgefechten des Ersten Weltkrieges bekannte sich Giono zu seinen pazifistischen Idealen. Doch wollte er kein *pacifiste*, sondern ein *pacifique* sein: kein Friedensbewegter, sondern schlicht ein Friedfertiger. Durch seine Erfahrungen in der Hölle von Verdun – er saß mit einem unbrauchbar gemachten Gewehr im Schützengraben – radikalisierte Giono seine Haltung; fortan verweigerte er sich jeglichem Dienst an der Waffe: »Ich ziehe es vor zu leben. Ich weigere mich, mich zu opfern. Niemand braucht sich für mich zu opfern, und ich lehne es ab, mich für irgend jemanden zu opfern, wer immer es sei. Ich bin nur bereit, mich für mein eigenes Glück und das Glück der anderen zu opfern. Man mache sich keine unnötige Mühe. Ich weiß woran ich bin.« Auch seine Bücher waren geprägt von tiefer Abscheu gegenüber allem Kriegerischen. So verglich er in seinem wohl wichtigsten Werk *Die große Herde* die zur Schlachtbank geführten Soldaten mit den Schafherden seiner provenzalischen Heimat.

Giono geriet zwischen die politischen Lager: Auf der einen Seite verdächtigte man ihn wegen seines völkisch anmutenden Vokabulars als Sympathisant einer »Blut-und-Boden-Ideologie« (Giono hatte sich öffentlich für das Münchner Abkommen ausgesprochen, weil er hoffte, dadurch könnte eine militärische Auseinandersetzung mit Nazideutschland vermieden werden), andererseits bezichtigte man ihn kommunistischer Umtriebe. Schließlich wurde der Kriegsdienstverweigerer Giono im Oktober 1939 verhaftet und in Marseille zusammen mit Schwerverbrechern im Fort Saint Nicolas interniert. »In diesem Gefängnis habe ich einige der schönsten Stunden meines Lebens verbracht, und ich lüge nicht«, versicherte er 1947 in seinem die Haftzeit schildernden Buch *Noé*. Nach zwanzig Tagen in Dunkelarrest – alle vier Tage erhielt er einen Laib Brot und einen Krug Wasser – und ein paar weiteren Wochen in der Zelle durfte er nach Manosque zurückkehren.

Doch schon bald mußte Giono die Gefängnismauern ein zweites Mal von innen sehen. Nach der Befreiung Frankreichs wurde er der Kollaboration bezichtigt, da er der Zeitschrift *La Gerbe* einen Roman zum Abdruck überlassen sowie für die Zeitschrift *Signal* geschrieben hatte – beide standen dem kollaboratorischen Vichy-Regime nahe. Hinzu kam, daß seine naturverherrlichende Prosa als geistige Verbundenheit mit dem Nationalsozialismus gewertet wurde. Ohne daß es zu einem Prozeß gekommen war, wurde Giono vom August 1944 bis zum Februar 1945 erneut inhaftiert – diesmal in Saint-Vincent-les-Forts in den Alpen – und anschließend vom »kommunistischen Schriftstellerverband« mit einem zweijährigem Publikationsverbot belegt. Zu Unrecht, wie sich später herausstellte: So hatte Giono beispielsweise den jüdischen Pianisten und Musikwissenschaftler Jan Meyrowitz bis zum Ende der Okkupation vor den Nazis versteckt. Und dies, obwohl in Manosque ein Nebenlager des berüchtigten Internierungslagers Les Milles unterhalten worden war! Andererseits war Giono in diesen gefährlichen Zeiten im Gefängnis wahrscheinlich sicherer als zu Hause, hatten ihm doch Unbekannte schon 1943 eine Bombe vor das Haus geworfen.

Obwohl Giono 1954 mit der Aufnahme in die Académie Goncourt öffentlich rehabilitiert wurde, blieb ein Makel zurück. Er selbst schien die anmaßenden Verdächtigungen nie ganz vergessen zu haben: Noch in seinem letzten, kurz vor dem Tod veröffentlichten Buch *Ennemonde* läßt er eine Figur auftreten, die nach Kriegsende »unschuldig« ins Gefängnis geworfen wurde.

Doch auch in anderer Weise haben die Anschuldigungen Spuren im Werk Gionos hinterlassen. Fortan schrieb er keine bukolischen Epen und archaischen Mythen mehr, sondern wandte sich von der Gegenwart ab und beschäftigte sich mit Erzählstoff aus dem vorigen Jahrhundert. In dieser »stendhalschen« Periode entstand auch sein wahrscheinlich bekanntester Roman *Der Husar auf dem Dach*, der mit seinen realistischen Beschreibungen einer Choleraepidemie beeindruckt. Ein Tableau des Schreckens. Keine liebliche Provence, sondern verlassene Dörfer, in denen nur das Rascheln der Ratten und das Flügelschlagen von Krähen zu hören ist. Der Existenzialismus von Sartre und Camus – »Die Pest« war vier Jahre zuvor erschienen – spiegelte sich in sinnlosem Sterben wider: Giono antwortet auf die menschliche Tragödie mit einem Appell zur Mitmenschlichkeit. Ohne sich vor der Ansteckung zu ängstigen, pflegt sein Held, der Husarenoberst Angelo Pardi, die Cholerakranken bis zur Selbstaufgabe. Treu geblieben ist Giono seinem Schauplatz, denn selbstverständlich besteht der Husarenoberst seine Abenteuer in der Haute-Provence und an den Ausläufern der Hautes-Alpes. Demütig bekannte Giono: »Und wenn ich auch in diesem Land geboren bin und fast sechzig Jahre darin gewohnt habe: ich kenne es nicht.«

In gewisser Hinsicht war diese Rückbesinnung auf die hehre, heile Vergangenheit auch ein Gegenentwurf zu den Veränderungen der Gegenwart. Im Alter beklagte Giono zunehmend die Zersiedelung seiner geliebten Provence. Selbst »Manosque ist nur noch ein Sammelsurium von Siedlungen für sozial Bedürftige, hochfahrend, scheußlich und unbeständig. Die Kleingeister führen nur noch das Wort Moderne im Munde; es ist ihnen gelungen, ihre Architektur bis ins Lächerliche zu treiben.«

In seinen reifen Jahren stand der unerschrockene Warner vor der drohenden Umweltzerstörung jahrzehntelang auf verlorenem Posten. Vor geraumer Zeit versuchten französische Umweltschützer, Giono zum geistigen Vater ihrer Bewegung zu machen. Und dies nicht zu Unrecht: Bereits in den sechziger Jahren, als die französische Regierung den Bau eines Atomkraftwerks im Durancetal beschloß, protestierte Giono energisch, wenngleich vergeblich. Wieso, so wollte er wissen, würde dieses technisch angeblich so sichere Wunderwerk nicht an der Seine mitten in Paris errichtet, wo doch der größte Teil des Stroms verbraucht wird? Seine provenzalischen Flüsse und Berge sollten unberührt bleiben. »Meine Heimat, meine Heimat ... warte, ich werde dir von meiner Heimat erzählen; das muß sein. Nicht, daß das mitzählt in der Geschichte: es ist die Geschichte selbst.«

Anreise: Manosque liegt im Département Alpes-de-Haute-Provence am rechten Ufer der Durance und ist von Aix-en-Provence über die Autobahn zu erreichen. Direkt am Altstadtboulevard befindet sich das Centre Jean Giono.
Öffnungszeiten: Maison Musée de Jean Giono, Montée des Vraies Richesses, Fr 15-17.30 Uhr. Centre Jean Giono, 1, boulevard Elémir Bourges, Di-Sa 9.30-12.30 Uhr und 14-18 Uhr.

Der letzte Troubadour

Frédéric Mistral in Maillane

Mistral – ein Name wie aus einem provenzalischen Bilderbuch. Die meisten Touristen denken an den Fallwind, der vom Rhônetal kommend mit seinen starken Böen den Himmel über der Provence von allen Wolken befreit und ihn in seinem strahlendsten Blau erleuchten läßt. Nahezu vergessen ist hingegen der Dichter Frédéric Mistral, der 1904 zusammen mit dem spanischen Dramatiker J. Echegaray y Eizaguirre für sein Bauernepos *Miréio* den Nobelpreis für Literatur erhalten hat.

Wer auf Mistrals Spuren wandeln will, muß dem Wind nach Süden folgen, denn Mistrals Dichten und Wirken ist untrennbar verbunden mit Maillane, einem am Nordrand der »Alpillen« gelegenen Dorf. »Soweit ich zurückdenke, immer steht vor meinen Augen ganz unten im Süden eine lange Bergkette, deren Spitzen, Abhänge, Klippen und Täler vom Morgen bis zum Abend in blauer Ferne verschwimmen. Es sind die gleich den Felsen Griechenlands von Olivenhainen umgürteten Alpillen – ein wahres Belvedere von Ruhm und Sagen.«

Maillane – *Maiano* auf provenzalisch – gehört nicht zu jenen malerischen Flecken, für die die Provence so berühmt ist. An Regentagen oder in der Mittagshitze liegt eine nicht zu leugnende Tristesse über dem Ort. Selbst die Häuser scheinen weniger farbenfroh als in den Nachbargemeinden. Abgesehen von den ausgedehnten Weinstöcken und Olivenhainen lassen sich noch die Reste eines »Zypressenwäldchens« ausmachen, »in dessen Mitte sich der Ort Maillane vor dem Wind schützt«, wie schon Alphonse Daudet anläßlich eines Besuches im Hause von Frédéric Mistral notierte. Verkehrsschilder warnen vor freilaufenden Stieren,

Die Küche im provenzalischen Stil

die für die provenzalische Variante des Stierkampfes, die Course Camarguaise, gezüchtet werden. Maillane ist nur ein einfaches Bauerndorf, weder ein Château, noch eine bedeutende romanische Kirche oder Reste einer mittelalterlichen Stadtmauer zeugen von einer hehren Vergangenheit. Mitten durch den Ort führt eine unspektakuläre Hauptstraße, die von zweistöckigen Häusern gesäumt wird und kaum Platz für einen Gehsteig läßt. Nur an einer Stelle verbreitert sie sich zu einem Place de Frédéric Mistral genannten Markt, an dem gleich drei Cafébesitzer auf Gäste warten. Im Café Lou Soulèu kann man Mistral gar auf einem Wandgemälde bewundern, das ihn im Gespräch mit Alphonse Daudet zeigt. Wer hingegen von Südosten nach Maillane kommt, wundert sich über einen überdimensionierten Festsaal, der ebenfalls nach dem berühmten Sohn des Ortes benannt wurde und mit seinen Hinweisschildern vom Haus des Dichters ablenkt. Letzteres ist ein einstöckiger Bau mit kleinem Garten, der sich unweit des Ortszentrums fast unscheinbar hinter Büschen und Mauern verbirgt.

Frédéric Mistral wurde am 8. September 1830 vor den Toren von Maillane auf dem *Mas dóu Juge*, dem »Richterhof«, geboren. Aufgewachsen ist er im Milieu von bäuerlichen Aristokraten. Seine Mutter Délaïde war eine der Töchter des Bürgermeisters von Maillane. Sein Vater François war ein vermögender Gutsbesitzer mit ausgedehnten Ländereien in der fruchtbaren Petit Crau. Die Vorfahren seines Vaters stammten aus dem Dauphiné und ließen sich im 16. Jahrhundert in der Provence nieder. Der Name Mistral weist nicht auf den beständig wiederkehrenden Wind hin, sondern bedeutet so viel wie »Meister« oder »Verwalter«. Konservativ und königstreu, sah François Mistral die Revolution und ihre Folgen stets als ein Grundübel an. Die

Familie besaß »einen großen Meierhof mit vier paar Zugtieren, seinem ersten Pflugführer, seinen Knechten, seinen Hirten, seiner Magd, die wir ›Tante‹ nannten, und einer wechselnden Anzahl von Monats- und Tagelöhnern, die bei den verschiedenen Arbeiten zugezogen wurden: für die Seidenwürmer, beim Jäten, beim Heuen, bei der Ernte und Weinlese, zur Saatzeit oder bei der Olivenernte.« Weiter südlich zum Delta der Rhône hin erstreckt sich die Große Crau, von der Frédéric Mistral zu berichten wußte: »Das öde Land der Steine, die unfruchtbare Crau, die endlos sich hier reckt.«

Als die Schulzeit begann, besuchte Frédéric ein in der ehemaligen Abtei Saint-Michel-de-Frigolet untergebrachtes Knabeninternat. »Es war ein altes Kloster, das, etwa zwei Stunden vom Mas du Juge entfernt, zwischen Graveson, Tarascon und Barbentane in der Montagnette lag. ... Es gab da nichts weiter als das in der Mitte gelegene Augustinerkloster mit seinem kleinen Klosterhof; das nach Süden gelegene Refektorium, mit dem Kapitelsaal; die Saint-Michel-Kirche mit den Fresken, auf welchen die Hölle mit ihren Flammengluten, ihre Verdammten und mit Forken versehenen Teufeln, sowie der Kampf zwischen dem Teufel und dem Erzengel dargestellt war.« Inmitten des kleinen Gebirges, wo alles nach wildem Thymian duftet – Thymian heißt auf provenzalisch *ferigoulo* – verbrachte Frédéric eine unbeschwerte Zeit. Im Sommer streiften die Schüler nach Unterrichtsschluß über die Hügel, sammelten Versteinerungen, erkundeten Höhlen oder legten den kleinen Vögeln Schlingen. »Wir waren zerlumpt wie eine Zigeunerbande.« Im Winter tobten die Knaben durch den Kreuzgang, erfreuten sich am Bockspringen oder spielten Mühle. Besonders gerne versteckten sie sich in den verfallenen Gemäuern der Klosterkirche; die Wagemutigsten stiegen in die Grabgewölbe hinab, in denen Totenköpfe und Gebeine längst verstorbener Mönche Angst und Schrecken verbreiteten.

Nachdem das Knabeninternat aufgelöst worden war, trat Frédéric in das Collège Royal in Avignon ein. Ein Glücksfall – denn auf der neuen Schule lernte er den zwölf Jahre älteren Joseph Roumanille kennen, der dort unterrichtete. Als Roumanille seinen Schüler in der Abendmette beim Schmieden provenzalischer Reime überraschte, wurde der Schüler nicht gescholten. Im Gegenteil: Roumanille trug ihm seine eigenen provenzalischen Gedichte vor und ermunterte Frédéric, sich weiter in der Dichtkunst zu üben. Trotz des Altersunterschiedes entwickelte sich eine intensive Freundschaft, die mehrere Jahrzehnte währen sollte. Roumanille und Mistral arbeiteten in ihrer freien Zeit daran, »der provenzalischen Sprache ihre natürliche Orthographie zurückzugeben«. Die Idee von einem Wörterbuch stand erstmals im Raum. Doch zunächst ging es mit der schulischen Laufbahn weiter. Nachdem er das Abitur in Nîmes bestanden hatte, studierte Frédéric – auf Wunsch des Vaters – Rechtswissenschaften und legte in Aix-en-Provence sein juristisches Examen ab. »Als ich meine Staatsprüfung bestanden hatte, kehrte ich, stolz wie ein junger Hahn, der einen Regenwurm gefunden hat, zu den Meinen zurück und traf gerade zu der Stunde im Mas ein, als man sich kurz vor Eintritt der Dunkelheit in der Abendkühle an den steinernen Tisch in der Laube zum Abendessen niedersetzte.« Sein Vater hieß ihn willkommen, äußerte knapp seine Zufriedenheit und stellte ihm die Wahl seines Berufes frei. Und Frédéric, der sich mehr von der Sprache seiner Heimat in den Bann gezogen fühlte als von den Spitzfindigkeiten des *Code Napoléon*, faßte einen Entschluß: »Erstens das Volksgefühl, das unter dem Einfluß der verkehrten und widernatürlichen Schulerziehung dahinschwand, in meiner Heimat zu wecken und neu zu beleben; zweitens, diese Belebung durch die Wiederherstellung unsrer historischen und natürlichen Sprache zu unterstützen, gegen die alle Schulen einen unerbittlichen Kampf führten; drittens, der provenzalischen Mundart durch die Flamme der Dichtkunst neuen Schwung zu verleihen.«

Von materiellen Sorgen durch das elterliche Gut weitgehend befreit, widmete sich Frédéric Mistral seit 1851 ausschließlich der provenzalischen Sprache und Kultur, wobei ihm Maillane Lebensmittelpunkt und Inspirationsquelle blieb. Mistral korrespondierte mit Gleichgesinnten und regte einen »Dichterkongreß« an. Sein einstiger Lehrer Joseph Roumanille war begeistert und organisierte 1852 in Arles sowie 1853 in Aix-en-Provence die ersten Zusammenkünfte provenzalischer Dichter. Interessierte Zuhörer fanden sich ein, darunter auch Emile Zola, der damals in Aix die Schulbank drückte: »Ich war fünfzehn oder sechzehn Jahre alt und ich sehe mich noch, wie ich, statt in die Schule zu gehen, im großen Saale des Stadthauses einem sehr poetischen Fest beiwohnte, einem Fest, das mit demjenigen, bei welchem ich heute die Ehre habe, den Vorsitz zu führen, sehr wenig Ähnlichkeit hatte. Da war Mistral, der seinen ›Tod eines Schnitters‹ deklamierte, da waren ohne Zweifel Roumanille und Aubanel – all die Männer, die wenige Jahre später ›Félibres‹ werden sollten und sich damals Troubadours nannten.«

Ein Funke war übergesprungen. Immer häufiger besuchten sich die Teilnehmer, um sich ihre Gedichte vorzutragen. Schließlich fanden sich am 21. Mai 1854 sieben junge Männer zusammen, um den »Félibrige«, eine Vereinigung, die sich die Erhaltung und Förderung der provenzalischen Kultur zur Aufgabe machte, zu gründen. »Wir singen nur für euch, ihr Hirten, und für das treue Volk der Höfe.« Die »Félibres«, zu deren Gründungsmitgliedern neben Mistral und Joseph Roumanille auch Mistrals Schulfreund An-

Frédéric Mistral in seinem Garten in Maillane

selme Mathieu sowie Théodore Aubanel, Paul Giéra, Jean Brunet und Alphonse Taven gehörten, beschlossen, ihrer Bewegung Gesetze und solide Grundlagen zu geben, um »der Provence ihre Sprache, ihre Farbe, ihre Freiheit auf Wohlstand, ihre nationale Ehre und ihren hohen Rang intellektuellen Geistes« zu erhalten. Um eine größere Öffentlichkeit zu erreichen, wurden zwei Publikationen ins Leben gerufen. Mistral fungierte als Mitherausgeber einer in Provenzalisch erscheinenden Zeitschrift namens *L'Aiòli* sowie eines Almanachs *(Armana prouvençau)*, der in wenigen Jahren eine Auflage von über 10 000 Exemplaren erreichen sollte.

Im Jahre 1855 starb Mistrals Vater; nach seinem Tod wurde das Erbe geteilt: der Mas du Juge fiel an seinen Stiefbruder Louis; Frédéric zog zusammen mit seiner Mutter in das väterliche »Maison du Lézard« am Rande von Maillane, das ihm laut Testament zugesprochen worden war. Eine Sonnenuhr an der Wand des heute als öffentliche Bibliothek genutzten Hauses verkündet auf Provenzalisch die Losung: »Glückliche Eidechse, trinke deine Sonne. Die Stunde vergeht so schnell, und morgen könnte es regnen.« Die Mistralsche Zeit verging hingegen langsam. Die Hausgemeinschaft mit der Mutter hatte mehr als zwei Jahrzehnte Bestand; erst im fortgeschrittenen Alter von fast 46 Jahren, als er die neunzehnjährige Marie Louise Almée Rivière heiratete, zog Mistral aus, um einen neuen Hausstand zu gründen. Doch trennten ihn von seiner Mutter nur wenige Meter – sein neues, nach eigenen Plänen entworfenes Wohnhaus ließ er direkt gegenüber errichten. Er fühle sich wie Petrarca, erklärte er einem Pariser Freund und berichtete voll Stolz von seinem »kleinen, aber angenehmen und gemütlichen« Haus. Trotz eines Altersunterschieds von 27 Jahren war die Beziehung mit Marie Louise von Glück und Harmonie geprägt, sieht man einmal davon ab, daß die Ehe kinderlos blieb. Der große Altersunterschied war nicht ungewöhnlich für die bäuerliche Welt des 19. Jahrhunderts; auch sein Vater war 32 Jahre älter als seine Mutter gewesen. Die beiden Ehegatten lebten bis zur ihrem Tod in dem Haus; Frédéric starb am 25. März 1914 in Maillane, seine Witwe am 6. Februar 1943. Anschließend wurde das Haus, wie zuvor von Mistral testamentarisch verfügt, mit seinem gesamten Interieur als *Museé Frédéric Mistral* in eine Gedenkstätte verwandelt und der Gemeinde Maillane geschenkt.

Zum Zeitpunkt seiner Eheschließung war Mistral bereits ein angesehener Dichter. Er war nicht nur Herausgeber verschiedener, auf provenzalisch erscheinender Periodika, sondern hatte mit seinem 1859 veröffentlichten Versepos *Miréio* (»Mireille«) die neuprovenzalische Dichtkunst weit über ihre sprachlichen Grenzen hinaus bekannt gemacht. Mehr als sieben Jahre hatte Mistral an den zwölf Gesängen gearbeitet. Die Handlung ist schnell erzählt. Miréio, eine reiche Erbtochter, wird von mehreren Männern umworben. Als sie sich für den armen Korbflechter Vincèn entscheidet, beginnt eine tragische Liebesgeschichte mit tödlichem Ausgang. Die Eltern lehnen ihre Wahl ab und verbieten ihr den Umgang mit Vincèn. Miréio flieht aus dem elterlichen Haus und bricht zum Wallfahrtsort Saintes-Maries-de-la-Mer auf, den Beistand der heiligen Marien erhoffend. Doch vergeblich: In der gleißenden Sonne der Salzsteppe bricht Miréio entkräftet zusammen und stirbt; die Heiligen nehmen Miréio trotz aller Gebete der Angehörigen zu sich. Eingebunden in den Rhythmus der Jahreszeiten beschreibt Mistral in streng durchkomponierten Strophen eine idealisierte Provence, die so nie existiert hat. Er entwirft eine von Zivilisationskritik geprägte Vision der Provence, in der Geschichte und Kosmos eine Einheit bilden.

Das Wohnzimmer, dekoriert mit Erinnerungen an Mistrals Dichterfreunde

Bereits in der ersten Ausgabe war dem Originaltext die französische Übersetzung an die Seite gestellt, die *Miréio* aus der Ecke einer Minderheitenliteratur hervorholte und Mistral in ganz Frankreich berühmt machte. Für seinen Förderer und Dichterfreund Alphonse de Lamartine war *Miréio* der vollendete Ausdruck einer Landschaft und ihres Brauchtums, weshalb er in Mistrals Prosa die »homerische Einfachheit« lobte und ihn als Geistesverwandten der Griechen erachtete: »Es ist, als hätte sich in der Nacht eine der Inseln des Archipelagos, ein schwimmendes Delos, von der Gruppe der griechischen oder ionischen Inseln gelöst und lautlos an den Ufern des balsamischen provenzalischen Kontinents angelegt, um dort einen der göttlichen Sänger ... an Land zu setzen.« Mistral war Lamartine in tiefer Dankbarkeit verbunden; eine Büste Lamartines stellte er im Empfangssalon seines Hauses in Maillane auf.

Paris und andere Städte außerhalb der Provence besuchte Mistral nur ungern; Maillane blieb der Nabel seiner Welt, sein eigner Mikrokosmos. In der Dorfkirche wurde er getauft, auf dem Dorffriedhof liegt er begraben. An einem anderen Ort zu leben, konnte sich Mistral nicht vorstellen. Ein Abstecher an die Seine hatte Seltenheitswert und diente in erster Linie der Kontaktpflege mit Verlegern und Journalisten. Edmond de Goncourt notierte im April 1884 nach einem gemeinsamen Essen mit Mistral in seinem Tagebuch: »Nachher erzählt er uns von seiner Arbeitsmethode, die leichte Tätigkeit des Dichters im Süden, die darin besteht, in der Dämmerung, wenn die Natur noch schläft, einige Verse zu schreiben, am Morgen, sagt Mistral, seien die Felder schon allzu sehr erfüllt mit dem lauten Aufwachen des Animalischen.«

Mistral inszenierte sich nicht nur in Paris als vornehmer Landjunker. Wie seine Eltern gehörte er zu den *Ménagers*, die »im Arelat eine Art von Aristokratie bildeten«, welche

»den Übergang vom Bauer zum Bürger vermittelt und wie jede andre voller Kastenstolz ist«. Mistral war jahrzehntelang Gemeinderat von Maillane, wo er sich mit großbäuerlichem Standesdünkel die Sorgen der einfachen Landarbeiter anhörte. Alte Photographien zeigen ihn mit einem breitkrempigen, schwarzen Hut und akkurat in Form gestutztem Kinnbart. Weder ein Anzug mit Weste noch ein weißes Hemd samt Fliege fehlen – er verstand zu repräsentieren. Neigte Mistral in seiner Jugend noch dem Föderalismus zu, war er nach dem Krieg von 1870/71 eher apolitisch, bevor er sich im Alter dem Traditionalismus der äußersten Rechten annäherte. Vor allem sein Alterswerk »Das Rhônelied« (1897) ist von Pessimismus gezeichnet und reiht sich in die europäische Dekadenzdichtung des Fin de siècle ein.

Als Mistral 1904 von der schwedischen Akademie den Nobelpreis für Literatur verliehen bekam, stiftete er das Geld uneigennützig für die Erweiterung eines Museums, das er acht Jahre zuvor in Arles gegründet hatte. Sinn und Zweck des Muséon Arlaten (französisch: Musée Arlésien) sollte es sein, die provenzalische Kultur in ihrer ganzen Bandbreite darzustellen. Mistral blieb nicht als Stifter im Hintergrund, sondern legte selbst Hand an, ordnete die Sammlungen und beschriftete die Schaukästen. Die Stadtväter von Arles dankten Mistral sein Engagement und errichteten ihm noch zu Lebzeiten ein Standbild auf der Place du Forum. Dort steht er noch immer, stolz, in Bronze gegossen auf einem Sockel und trotzt dem touristischen Rummel im Café La Nuit, das van Gogh 1888 auf der Leinwand verewigt hat. Obgleich van Gogh sich der Provence zutiefst verbunden fühlte, litt er an einem Mangel an sozialen Kontakten: »Es ist ein ungeheurer Nachteil für mich, daß ich den provenzalischen Dialekt nicht beherrsche ... Bisher bin ich keinen einzigen Zentimeter ins Herz der Menschen eingedrungen ... So vergeht eine lange Reihe von Tagen, ohne daß ich auch nur mit einem einzigen Menschen spreche, außer daß ich einen Kaffee bestelle. Und so ist es von allem Anfang an gewesen.« Vergeblich hoffte er auf die Anerkennung seiner Künstlerkollegen: »Wenn die Félibres eines Tages mein Dasein nicht mehr ignorieren, so werden sie alle ins kleine Haus kommen. ... Aber da ich die Provence ebenso aufrichtig liebe wie sie, habe ich vielleicht das Recht, von ihnen beachtet zu werden.«

Alphonse Daudet, der Mistral zeitlebens freundschaftlich verbunden war, war oft Gast in Maillane. »Während er zu mir sprach, betrachtete ich gerührt dieses hell tapezierte kleine Wohnzimmer, das ich so lange nicht gesehen und in dem ich schon wunderschöne Stunden verbracht hatte. Nichts war verändert. Immer noch das gelbkarierte Sofa, die beiden Korbsessel, ein Venus-Torso und die Venus von Arles auf dem Kaminsims, das Dichterportrait von Hébert, seine Photographie von Etienne Carjat, und in der Ecke beim Fenster ein Schreibtisch – ein armseliger kleiner Registraturschreibtisch – überhäuft mit alten Büchern und Nachschlagewerken.« Viel hat sich seither nicht verändert. Photographien und Stiche von Mistrals Dichterfreunden und Weggefährten sind überall zu finden: im Flur und im Empfangssalon genauso wie im Arbeitszimmer. Nur die Küche mit der offenen Herdstelle ist auf ihren funktionalen Charakter beschränkt geblieben. Der eine ganze Wand einnehmende Bibliotheksschrank enthält nur einen Teil seiner Bücher, die anderen stehen im Muséon Arlaten in Arles. Im ersten Stock befindet sich die schon von Daudet beschriebene »bescheidene bäuerliche Schlafkammer mit zwei großen Betten. Die Wände sind nicht tapeziert, die Deckenbalken sichtbar ...« Neben der kargen Bettstatt steht ein einfacher Nachtkasten, auch die zwei weiteren Schlafzimmer sind schlicht eingerichtet. Fließendes Wasser gibt es nicht; für die Morgentoilette reichten ein Krug und eine Schale aus. Rätseln darf man über ein Ärgernis im Treppenhaus. Warum hängt dort noch immer eine riesige Marmortafel, die Marschall Pétain Frédéric Mistral 1940 postum verliehen hat?

Ein abschließender Gang über den nahen Friedhof von Maillane darf nicht versäumt werden. Im vollen Bewußtsein seiner Rolle als führender provenzalischer Dichter ließ Mistral dort schon zu Lebzeiten einen sechseckigen Pavillon als Grabmonument errichten. Als Vorbild diente ihm der in Les Baux stehende Gartenpavillon der Reine Jeanne. Frédéric Mistral verzichtete allerdings auf die Renaissanceköpfe in den Fensterwölbungen und ließ diese durch zeitgenössische Neubildungen ersetzen, die Gestalten aus seinem Hauptwerk *Miréio* verkörpern sollen. Der als Skulpturenschmuck dienende siebenzackige Stern ist das Sinnbild des Félibrige. Pathetisch auch die lateinische Inschrift auf dem Monument: »Nicht uns, Herr, nicht uns, sondern deinem Namen und unserer Provence gib Ruhm.«

Anreise: Maillane liegt zwischen Tarascon und Saint-Rémy-de-Provence, etwa 12 Kilometer südwestlich von Avignon. Das einstige Wohnhaus von Mistral steht mitten im Ort und ist als »Musée Frédéric Mistral« ausgeschildert.
Öffnungszeiten: April – Sept. tgl. außer Mo 9.30-11.30 Uhr und 14.30-18.30 Uhr, im Winter tgl. außer Mo bis 16.30 Uhr.

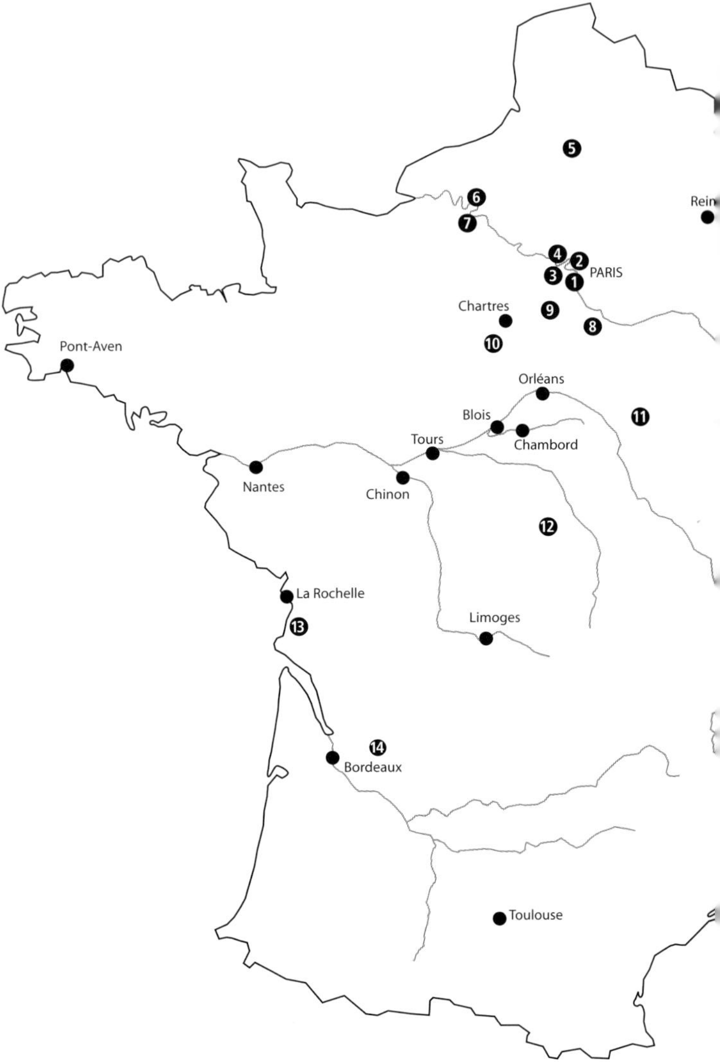

5
Rein
6
7
4
2
PARIS
3
1
Chartres
9
8
10
Pont-Aven
Orléans
11
Blois
Chambord
Tours
Nantes
Chinon
12
La Rochelle
13
Limoges
14
Bordeaux
Toulouse

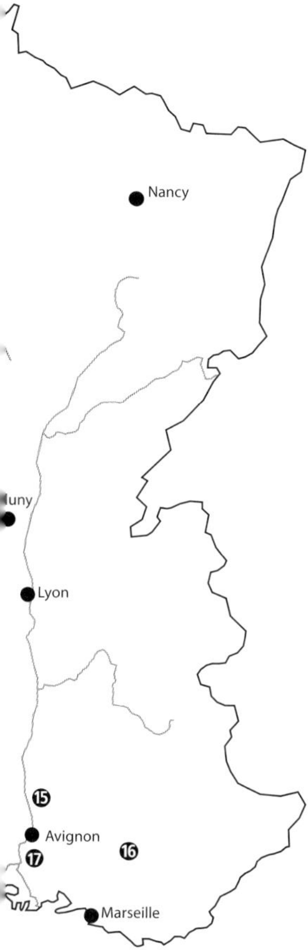

1 Honoré de Balzac (Paris)
2 Victor Hugo (Paris)
3 Alexandre Dumas (Port-Marly)
4 Émile Zola (Médan)
5 Jules Verne (Amiens)
6 Gustave Flaubert (Rouen)
7 Pierre Corneille (Petit-Couronne)
8 Jean Cocteau (Milly-la-Forêt)
9 Elsa Triolet und Louis Aragon (St-Arnoult-en-Yvelines)
10 Marcel Proust (Illiers-Combray)
11 Colette (St-Sauveur-en-Puisaye)
12 George Sand (Nohant)
13 Pierre Loti (Rochefort-sur-Mer)
14 Michel de Montaigne (Montaigne)
15 Jean-Henri Fabre (Sérignan-du-Comtat)
16 Jean Giono (Manosque)
17 Frédéric Mistral (Maillane)

Benutzte Literatur

Honoré de Balzac

Balzac, Honoré de: *Das Mädchen mit den Goldaugen*. Aus dem Französischen von Ernst Hardt. Insel Verlag Frankfurt am Main 1974.

Balzac, Honoré de: *Vater Goriot*. Aus dem Französischen von Gisela Etzel. Insel Verlag Frankfurt am Main 1989.

Gozlan, Léon: *Balzac in Pantoffeln*. Aus dem Französischen von Ursula Seyffarth und Fritz Knöller. Deutscher Taschenbuch Verlag, München 1969. © Heimeran Verlag, München.

Nin, Anaïs: *Die Tagebücher der Anaïs Nin* 2. Aus dem Französischen von Herbert Zand. Rowohlt Verlag, Reinbek bei Hamburg 1984.

Picon, Gaëtan: *Balzac*. Aus dem Französischen von Eleonore zu Salm-Salm und Hansgeorg Maier. Rowohlt Verlag, Reinbek bei Hamburg 1975.

Schmölders, Claudia (Hg.): *Balzac – Leben und Werk*. Copyright © 1993 Diogenes Verlag AG Zürich.

Stierle, Karlheinz: *Der Mythos von Paris. Zeichen und Bewußtsein der Stadt*. Carl Hanser Verlag, München 1993.

Victor Hugo

Biermann, Karlheinrich: *Victor Hugo*. Rowohlt Verlag, Reinbek bei Hamburg 1998.

Lücke, Theodor: *Victor Hugo*. Fischer Taschenbuch Verlag, Frankfurt am Main 1985.

Hugo, Victor: *Der Glöckner von Notre Dame*. Aus dem Französischen von Else von Schorn. Insel Verlag Frankfurt am Main 2001.

Rademacher, Jörg W.: *Victor Hugo*. Deutscher Taschenbuch Verlag, München 2002.

Alexandre Dumas

Berger, Günther: *Alexandre Dumas*. Deutscher Taschenbuch Verlag, München 2002.

Dumas, Alexandre: *Memoiren*. Herausgegeben und eingeleitet von Friedrich Wencker. Morawe & Scheffelt Verlag, Berlin 1913.

Émile Zola

Beci, Veronika: *Émile Zola.* Artemis & Winkler Verlag, München 2002.
Bernard, Marc: *Zola.* Rowohlt Verlag, Reinbek bei Hamburg 2002.
Bloch-Dano, Evelyne: *Madame Zola.* Aus dem Französischen von Sigrid Köppen. © Patmos Verlag GmbH & Co. KG/Artemis & Winkler Verlag, Düsseldorf 1999.
Hemmings, F. W.: *Émile Zola.* Blanvalet Verlag, München 1979.
Korn, Karl: *Zola in seiner Zeit.* Societäts-Verlag, Frankfurt am Main 1980.

Jean Cocteau

Brown, Frederick: *Ein Skandal fürs Leben. Jean Cocteau – seine Kunst, seine Männer, seine Frauen, seine Zeit.* Aus dem Englischen von Jürgen Abel. Scherz Verlag, Bern 1980.
Cocteau, Jean: *Briefe an Jean Marais.* Aus dem Französischen von Annette Meyer-Prien. © Lambda Edition, Hamburg 1989.
Cocteau, Jean: *Die Schwierigkeit, zu sein. Essays.* Ü: Friedrich Hagen. Fischer Taschenbuch Verlag, Frankfurt am Main 1988.
Cocteau, Jean: *Vollendete Vergangenheit.* Tagebücher. Aus dem Französischen von Frieda Grafe und Enno Patalas. Piper Verlag, München 1989.
Fraigneau, André: *Jean Cocteau.* Aus dem Französischen von Guido G. Meister. Rowohlt Verlag, Reinbek bei Hamburg 1961.
Green, Julien: *Tagebücher 1943 – 1954.* Aus dem Französischen von Eva Moldenhauer. © List Verlag, München 1992.
Knapp, Bettina L.: *Jean Cocteau.* Aus dem Englischen von: Sonja Hauser. Heyne Verlag, München 1989.
Lord, James: *Einige bemerkenswerte Männer.* Aus dem Englischen von Nadine Miller. © Matthes & Seitz Verlag, München 1998.
Marais, Jean: *Spiegel meiner Erinnerung.* Aus dem Französischen von Gerhard Vorkamp. Kindler Verlag, München 1975.

Jules Verne

Costello, Peter: *Jules Verne*. Ü: Eleonor Catala. Qualander Verlag, Aalen 1979.

Dehs, Volker: *Jules Verne*. Rowohlt Verlag, Reinbek bei Hamburg 1986.

Rochette, Hélène: *Maisons d'écrivains et d'artistes*. Éditions Parigramme, Paris 2004.

Verne, Jules: *Wilhelm Storitz' Geheimnis*. Pawlak Taschenbuch Verlag, Berlin und Herrsching 1984.

Gustave Flaubert

Barnes, Julian: *Flauberts Papagei*. Aus dem Englischen von Michael Walter. Kiepenheuer & Witsch, Köln 1984.

Flaubert, Gustave: *Madame Bovary*. Aus dem Französischen von Maria Dessauer. Insel Verlag Frankfurt am Main 1996.

Flaubert, Gustave: *Reise in den Orient*. Aus dem Französischen von Reinhold Werner und André Stoll. Insel Verlag Frankfurt am Main 1985.

Goncourt, Edmond und Jules: *Blitzlichter*. Aus dem Französischen von Anita Albus. Eichborn Verlag, Frankfurt am Main 1990.

Goncourt, Edmond und Jules: *Tagebücher, 1851–1870*. Aus dem Französischen von Justus Franz Wittkop. Insel Verlag Frankfurt am Main 1983.

Haffmans, Gerd und Cavigelli, Franz (Hg.): *Über Gustave Flaubert*. Copyright © 1979 Diogenes Verlag AG Zürich.

La Varende, Jean de: *Flaubert*. Rowohlt Verlag, Reinbek bei Hamburg 2001.

Lottman, Herbert: *Flaubert*. Insel Verlag Frankfurt am Main 1992.

Maupassant, Guy de: *Mein Freund Flaubert*. Aus dem Französischen von Heidrun Hemje-Oltmanns. © Manholt Verlag, Bremen 1992.

Pierre Corneille

Klemperer, Victor: *Pierre Corneille*. Max Hueber Verlag, München 1933.

Louis Aragon und Elsa Triolet

Aragon, Louis: *Die Viertel der Reichen.* Aus dem Französischen von Stephan Hermlin. Verlag Volk und Welt, Berlin 1952.

Aragon, Louis: *Das Wahrlügen.* Aus dem Französischen von Lydia Babilas. © Claassen Verlag, Düsseldorf 1983.

Goll, Claire: *Ich verzeihe keinem.* Knaur Verlag, München 1980.

Hörner, Unda: *Die realen Frauen der Surrealisten.* Suhrkamp Verlag Frankfurt am Main 1998.

Hörner, Unda: *Elsa Triolet und Louis Aragon.* Rowohlt Berlin, Berlin 1998.

Nadeau, Maurice: *Geschichte des Surrealismus.* Aus dem Französischen von Karl Heinz Laier. Rowohlt Verlag, Reinbek bei Hamburg 1965.

Nadolny, Susanne: Elsa Triolet. Edition Ebersbach, Ebersbach 2000.

Raddatz, Fritz J.: *Traum und Vernunft: Louis Aragon.* In: *Verwerfungen*, S. 52 – 84. Suhrkamp Verlag Frankfurt am Main 1972.

Marcel Proust

Hayman, Ronald: *Marcel Proust. Die Geschichte seines Lebens.* Insel Verlag Frankfurt am Main 2000.

Mauriac, Claude: *Proust.* Rowohlt Verlag, Reinbek bei Hamburg 1958.

Michel-Thiriet, Philippe: *Das Marcel Proust Lexikon.* Suhrkamp Verlag Frankfurt am Main 1992.

Proust, Marcel: *Combray* in *Unterwegs zu Swann. Auf der Suche nach der verlorenen Zeit, Band 1.* Aus dem Französischen von Eva Rechel-Mertens, revidiert von Luzius Keller. Suhrkamp Verlag Frankfurt am Main 1994.

Proust, Marcel: *Jean Santeuil.* Aus dem Französischen von Eva Rechel-Mertens, revidiert von Luzius Keller. Suhrkamp Verlag Frankfurt am Main 1992.

Proust, Marcel: *Tage des Lesens.* Aus dem Französischen von Helmut Scheffel. Suhrkamp Verlag Frankfurt am Main 1995.

Wiggershaus, Renate: *Proust – Leben und Werk in Texten und Bildern.* Insel Verlag Frankfurt am Main 1992.

Colette

Colette: *Claudines Mädchenjahre.* Aus dem Französischen von Erna Redtenbacher. © Paul Zsolnay Verlag Wien 1929 und 1960.

Colette: *Claudine erwacht.* Aus dem Französischen von Lidia Winiewicz. © Paul Zsolnay Verlag Wien 1957.

Colette: *Sido.* Aus dem Französischen von Uli Aumüller. © Paul Zsolnay Verlag Wien 1961.

Francis, Claude und Gontier, Fernande: *Colette.* Aus dem Französischen von Linda Gränz. Europäische Verlagsanstalt, Hamburg 1998.

Lottman, Herbert: *Colette.* Zsolnay Verlag, Wien 1991.

Richardson, Joanna: *Colette.* Aus dem Englischen von Renate Zeschitz. Heyne Verlag, München 1985.

Thurman, Judith: *Colette.* Aus dem Englischen von Brigitte Flickinger. Berlin Verlag, Berlin 2001.

George Sand

Jordan, Ruth: *George Sand. Die große Liebende.* Heyne Verlag, München 1980.

Maurois, André: *Dunkle Sehnsucht. Das Leben der George Sand.* Paul List Verlag, München 1953.

Pulver, Corinne: *George Sand. Genie der Weiblichkeit.* Droste Verlag, Düsseldorf 2003.

Sand, Christiane: *Zu Gast bei George Sand.* Aus dem Französischen von Hella Noack. DuMont Verlag, Köln 1989.

Sand, George: *Geschichte meines Lebens.* Aus dem Französischen von Claire von Glümer. Insel Verlag Frankfurt am Main 1978.

Sand, George: *Nimm Deinen Mut in beide Hände. Briefe.* Aus dem Französischen von Annedore Haberl. Deutscher Taschenbuch Verlag, München 1990.

Schlientz, Gisela: *George Sand.* Leben und Werk in Texten und Bildern. Insel Verlag Frankfurt am Main 1999.

Strohmeyr, Armin: *George Sand.* Reclam Verlag, Leipzig 2004.

Wiggershaus, Renate: *George Sand.* Rowohlt Verlag, Reinbek bei Hamburg 1999.

Pierre Loti

Loti, Pierre: *Auf fernen Meeren*. Aus dem Französischen von Irene Kafka. Kurt Ehrlich Verlag, Berlin 1924.
Loti, Pierre: *Nach Isfahan*. Aus dem Französischen von Dirk Hemjeoltmanns. © Manholt Verlag, Bremen 1996.
Loti, Pierre: *Roman eines Kindes*. Aus dem Französischen von Lislott Pfaff. Manesse Verlag, Zürich 1994.
Loti, Pierre: *Die Wüste*. Aus dem Französischen von Dirk Hemjeoltmanns. Manholt Verlag, Bremen 2002.

Michel de Montaigne

Günther, Horst: *Montaigne*. Insel Verlag Frankfurt am Main 1992.
Jeanson, Francis: *Michel de Montaigne*. Aus dem Französischen von Paul Mayer. Rowohlt, Reinbek bei Hamburg 1958.
Lacouture, Jean: *Michel de Montaigne*. Campus Verlag, Frankfurt am Main 1998.
Montaigne, Michel de: *Essais*. Ausgewählt und aus dem Französischen übertragen von Herbert Lüthy. © Manesse Verlag, Zürich 1953.

Jean-Henri Fabre

Fabre, Jean-Henri: *Das offenbare Geheimnis*. Aus dem Französischen von Kurt Guggenheim. Artemis Verlag, München 1961.
Fabre, Jean-Henri: *Das Wunder des Lebendigen*. Aus der vielfältigen Welt der Insekten. Artemis Verlag, Zürich 1989.

Jean Giono

Giono, Jean: *Bleibe, meine Freude*. Aus dem Französischen von Ruth und Walter Gerull-Kardas. Matthes & Seitz Verlag, München 1994.
Giono, Jean: *Jean der Träumer*. Aus dem Französischen von Käthe Rosenberg. © Matthes & Seitz Verlag, München 1991.
Giono, Jean: *Provence*. Aus dem Französischen von Siglind Schüle-Ehrenthal. © Matthes & Seitz Verlag, München 2002.
Giono, Jean: *Vom wahren Reichtum*. Aus dem Französischen von Ruth und Walter Gerull-Kardas. Verlag Die Arche, Zürich 1958.

Noth, Ernst Erich: *Erinnerungen eines Deutschen.* © Claassen Verlag, Hamburg 1971.

Frédéric Mistral

Daudet, Alphonse: *Der Dichter Mistral.* Aus dem Französischen von Marlies Müller-Bek. Aus: Martine Passelaigue/Marlies Müller-Bek (Hg.): La Provence, un florilège. Provence-Lesebuch. © für die deutsche Übersetzung von Marlies Müller-Bek 1997 Deutscher Taschenbuch Verlag, München.
Mistral, Frédéric: *Mireille. Meine Welt.* Aus dem Französischen von Hans Roesch (Mireille) und E. von Kraatz (Meine Welt). Caron-Verlag, Zürich 1969.

Der Autor dankt der Maison de la France, insbesondere Thomas Schmidt, für Hilfe und Unterstützung bei der Recherche.
Ein weiteres Dankeschön geht an die regionalen Tourismusbüros sowie an die Personen und Organisationen, die für die in diesem Buch vorgestellten Häuser verantwortlich sind.

Bildnachweise

akg-images, Berlin: 207
Centre des monuments nationaux, Paris: 19, 37, 42, 87, 97, 166
Robert Doisneau/Rapho/Agentur Focus: 126
Musée Fabre, Sérignan-du-Comtat: 216
Henri Manuel/Collection F. de Jouvenel: 161
Ralf Nestmeyer: 4, 12, 28, 32, 44, 48, 52, 61, 72, 76, 84, 93, 101, 112, 116, 120, 129, 136, 141, 145, 148, 156, 169, 172, 177, 181, 188, 196, 200, 204, 216, 224, 229, 240
Roger-Viollet, Paris: 79, 104, 191, 212, 222, 245

Alle anderen Abbildungen stammen aus dem Archiv des Insel Verlags.
Umschlagabbildung: Schreibtisch von Jean Cocteau in Milly-la-Forêt, Foto: © Erica Lennard, Los Angeles

Literarische Reisebegleiter im insel taschenbuch Eine Auswahl

Städte

Athen. Literarische Spaziergänge. Herausgegeben von Paul Ludwig Völzing. Mit farbigen Fotografien. it 2505. 336 Seiten

Bayreuth. Ein literarisches Porträt. Herausgegeben von Frank Piontek und Joachim Schultz. Mit zahlreichen Abbildungen. it 1830. 208 Seiten

Mit Brecht durch Berlin. Ein literarischer Reiseführer. Von Michael Bienert. Mit zahlreichen Fotografien. it 2169. 271 Seiten

Literarischer Führer Berlin. Von Fred Oberhauser und Nicole Henneberg. Mit zahlreichen Abbildungen, Karten und Registern. it 2177. 517 Seiten

Bremen. Literarische Spaziergänge. Von Johann-Günther König. Mit farbigen Fotografien. it 2621. 272 Seiten

Budapest. Ein literarisches Porträt. Herausgegeben von Wilhelm Droste, Susanne Scherrer und Kristin Schwamm. Mit zahlreichen Fotografien. it 1801. 283 Seiten

Chicago. Porträt einer Stadt. Herausgegeben von Johann Norbert Schmidt und Hans Peter Rodenberg. Mit farbigen Fotografien. it 3032. 330 Seiten.

NF 31/1/2.04

Dresden. Ein Reisebuch. Herausgegeben von Katrin Nitzschke unter Mitarbeit von Reinhardt Eigenwill. Mit zahlreichen Abbildungen. it 1365. 294 Seiten

Frankfurt. Acht literarische Spaziergänge. Von Siegfried Diehl. Mit farbigen Fotografien. it 2197. 190 Seiten

Mein Frankfurt. Von Martin Mosebach. Ausgewählt und mit einem Nachwort von Rainer Weiss. Mit Fotografien von Barbara Klemm. it 2871. 176 Seiten

Granada. Ein literarisches Porträt. Herausgegeben von Nina Koidl. Mit farbigen Fotografien. it 2635. 243 Seiten

Hamburg. Ein Städte-Lesebuch. Herausgegeben von Eckhart Kleßmann. Mit zahlreichen Abbildungen. it 1312. 305 Seiten

Heidelberg-Lesebuch. Stadt-Bilder von 1800 bis heute. Herausgegeben von Michael Buselmeier. it 913. 385 Seiten

Istanbul. Ein Reisebegleiter. Von Barbara Yurtdas. Mit farbigen Fotografien. it 3026. 300 Seiten.

Der Kölner Dom. Ein literarischer Führer. Herausgegeben von Markus Klein. Mit zahlreichen Abbildungen. it 2226. 149 Seiten

Leipzig. Literarische Spaziergänge. Herausgegeben von Werner Marx. Mit farbigen Fotografien. it 2710. 222 Seiten

Lissabon. Ein Städte-Lesebuch. Herausgegeben von Ellen Heinemann. it 2106. 390 Seiten

NF 31/2/2.04

London. Literarische Spaziergänge. Von Harald Raykowski. it 2554. 272 Seiten

Mainz. Ein literarisches Porträt. Herausgegeben von Jens Frederiksen. Mit Fotografien von Sascha Kopp. it 2163. 195 Seiten

Wolfgang Koeppen. Muß man München nicht lieben? it 2712. 160 Seiten

New York. Literarische Spaziergänge. Von Herbert Genzmer. Mit farbigen Fotografien. it 2883. 160 Seiten

Paris. Literarische Spaziergänge. Von Uwe Schultz. Mit farbigen Photographien. it 2884. 272 Seiten.

Mit Proust durch Paris. Von Rainer Moritz. Mit zahlreichen Fotografien. it 2992. 160 Seiten.

Potsdam. Literarischer Spaziergang. Von Jochen R. Klicker. Mit farbigen Fotografien. it 2926. 416 Seiten.

Prag. Ein Lesebuch. Herausgegeben und mit einem Nachwort versehen von Jana Halamičková. Mit Fotografien und Illustrationen. it 994. 386 Seiten

Rom. Ein literarisches Porträt. Herausgegeben von Michael Worbs. Mit farbigen Fotografien. it 2298. 320 Seiten

Mit Marie Luise Kaschnitz durch Rom. Herausgegeben von Iris Schnebel-Kaschnitz und Michael Marschall von Bieberstein. Mit Fotografien von Mario Clementi. it 2607. 196 Seiten

St. Petersburg. Literarische Spaziergänge. Von Ingrid Schalthöfer. Mit farbigen Fotografien. it 2833. 240 Seiten

NF 31/3/2.04

Trier. Deutschlands älteste Stadt. Reisebuch. Herausgegeben von Michael Schroeder. Mit Fotografien von Konstantin Schroeder. it 1574. 260 Seiten

Tübingen. Ein literarischer Spaziergang. Herausgegeben von Gert Ueding. Mit zahlreichen Abbildungen. it 1246. 384 Seiten

Venedig. Literarische Spaziergänge. Von Doris und Arnold E. Maurer. Mit zahlreichen Fotografien. it 1413. 188 Seiten

Wien. Ein literarisches Porträt. Herausgegeben von Joseph Peter Strelka. Mit farbigen Fotografien. it 1573. 254 Seiten

Wiener Adressen. Ein kulturhistorischer Wegweiser mit Straßenplänen und Fotos von Dietmar Grieser. it 1203. 217 Seiten

Das Wiener Kaffeehaus. Mit zahlreichen Abbildungen und Hinweisen auf Wiener Kaffeehäuser. Herausgegeben von Kurt-Jürgen Heering. it 1318. 318 Seiten

Landschaften • Länder • Kontinente

Amerika

Kalifornien. Ein Reiselesebuch. Herausgegeben von Herbert Genzmer. Mit farbigen Fotografien von Till Bartels. it 2636. 282 Seiten

Harry Graf Kessler. Notizen über Mexiko. Herausgegeben von Alexander Ritter. Mit zahlreichen Abbildungen. it 2176. 182 Seiten

NF 31/4/2.04

Martin Walser/André Ficus. Die Amerikareise. Versuch, ein Gefühl zu verstehen. Mit 51 farbigen Bildern von André Ficus. it 1243. 117 Seiten

Asien

Indien. Ein Reisebegleiter. Von Martin Kämpchen. it 2996. 272 Seiten

Tibet. Erfahrungen auf dem Dach der Welt. Von Wilhelm Klingenberg. Mit zahlreichen Fotografien. it 1860. 198 Seiten

Deutschland

Hans Christian Andersen. Schattenbilder einer Reise in den Harz, die Sächsische Schweiz etc. etc. im Sommer 1831. Herausgegeben von Ulrich Sonnenberg. Mit zahlreichen zeitgenössischen Abbildungen. it 2818. 240 Seiten

Bodensee. Reisebuch. Herausgegeben von Dominik Jost. Mit farbigen Abbildungen. it 1490. 313 Seiten

Der Rhein. Eine Reise mit Geschichten, Gedichten und farbigen Fotografien. Herausgegeben von Helmut J. Schneider unter Mitarbeit von Michael Serrer. Mit Fotografien von Pieter Jos van Limbergen. it 1966. 206 Seiten

Die schönsten Schlösser und Burgen Deutschlands. Ein literarischer Reisebegleiter. Herausgegeben von Joachim Schultz. Mit farbigen Fotografien von Horst und Daniel Zielske. it 2717. 256 Seiten

NF 31/5/2.04